한림신서 일본학총서 94

일본 장례문화의 탄생

OHAKA NO TANJO

by Shigenori Iwata

ⓒ 2006 by Shigenori Iwata

Originally published in Japanese

By Iwanami Shoten, Publishers, Tokyo, 2006

This Korean language edition published in 2009

by Institute of Japanese Studies, Hallym University, Chuncheon

by arrangement with the author c/o, Iwanami Shoten, Publishers, Tokyo

일본

장례문화의 탄생

이와타 시게노리 지음 ㅣ 조규헌 옮김

小花

| 차례 |

제4장 요절자의 묘와 '오하카'

『오하카의 탄생―사자제사의 민속지('お墓'の誕生―死者祭祀の
民俗誌)』가 한림대학교 일본학연구소 조규헌 선생의 번역으로 한
국의 독자들과 접할 수 있게 되어 대단히 기쁘게 생각합니다. 이
책의 전체적인 내용은, 중세 및 근세고고학의 성과도 이용하였습
니다만 대부분 필자가 일본열도를 필드워크하면서 만났던 장송
의례(葬送儀禮)와 묘제(墓制) 등에 관한 자료들로 이루어져 있습
니다. 따라서 책 속에 소개된 모든 사진도 제가 직접 촬영한 것입
니다. 문장만으로는 이미지화하기 어려운 일본 장송의례와 묘제
의 현실이 이러한 사진들을 통해서 보다 쉽게 이해하는 데 도움
이 되기를 바랍니다.

일본의 장송의례와 묘제는 불교와의 습합(褶合) 속에서 존재하
여 왔음에도 지금까지의 연구에서는, 민속학 쪽에서는 불교와의

습합을 배제한 경향이 있었고, 불교 연구 및 역사학 쪽에서는 불교적 측면만을 강조해 온 탓에 불교와 장송의례 및 묘제가 서로 밀접하게 얽혀져 있는 현실이 거의 고려되지 않았습니다. 이 책에서는 그 습합의 특질을 중점적으로 논의하였습니다. 유교의 영향이 강한 한국 사회의 경우 불교와의 관련성 아래에서 장송의례 및 묘제를 파악하는 것에 익숙지 않을지도 모르겠습니다만, 이러한 상이함 속에서 한국과 일본 각각의 사회적 특징을 발견해 주셔도 좋겠습니다.

이 책에서는 전사자 제사에 대해서도 언급하였습니다. 저는 전사자 제사에 관해 적극적으로 연구하지는 않았습니다만, 일본 열도를 걷다 보면 자연스럽게 전사자의 '오하카'(お墓)와 대면하는 일이 많습니다. 그러한 가운데서 이른바 '야스쿠니 문제'와는 다른 각도에서 전사자 제사의 문제에 접근하는 방법을 모색해 보았습니다. 전사자 제사의 문제는 주로 근·현대 국민국가의 틀 안에서 논의되어 왔기 때문에 자연히 내셔널리즘과의 관계를 피할 수 없었습니다. 그러나 이 책에서는 이 문제를 그러한 내셔널리즘을 둘러싼 정치성의 관점에서 벗어나 순전히 사자제사(死者祭祀)의 문제로 다루어 보려 하였고, 이러한 관점에서 다루었을 때 이 전사자 제사의 문제가 어떻게 떠오르는지를 파악해 보았습니다.

인간의 생과 사는 국가적 존재, 공적 존재이기 이전에 한 사람의 인간으로서의 생활 속에서 존재한다고 할 수 있습니다. 당연한 것이지만, 그 보통의 생활을 영위하는 인간으로서의 생과 사의 문제에 시선을 설정하여 이 책은 쓰였습니다. 이 책을 읽어 주시는 한국의 독자들께서도 일본 장례문화로서의 장송의례와 묘제만이 아니라 등신대(等身大)의 일본 사회와 문화에 접하는 좋은 기회가 되어 주었으면 더없이 기쁘겠습니다.

2009년 3월

이와타 시게노리(岩田重則)

들어가는 말

  '오하카'(お墓)는 무엇일까. 이 말을 염두에 두고 생각해 본 사람은 많지 않을 것이다. 하지만 오하카를 잠시 머릿속에 떠올려 보았으면 한다. '○○가(家) 조상 대대의 묘', '○○가(家)의 묘' 이러한 자기 집의 오하카가 순간적으로 스쳤을는지 모른다. 사각의 묵직한 돌. 지식이 풍부한 사람은 묘석(비석)에 화강암을 많이 사용하는 것을 알고 있을 것이다. 아직 자신의 오하카를 갖고 있지 않은 사람은 "앞으로 어떻게 해야 하지?" 등 미래의 일을 걱정할지 모른다.

  지금 오하카가 꽤 붐을 일으키고 있다. 지금처럼 오하카가 주목

받았던 시대도 드물었다. 오하카에 대해 깊이 생각하든 의문을 가지든, 이처럼 관심을 가지게 된 시기는 과거에는 없지 않았을까 생각된다. 지금 오하카에 관한 정보는 세간에 범람하고 있다.

오하카의 필요성이 눈앞에 다가온 사람 중에는 어느 순간 오하카에 정통한 사람도 있을 것이다. 현대의 오하카가 의외로 금전과 무관하지 않음을 절실히 느끼는 사람도 있지 않을까.

오하카는 사람에 따라 그것을 대하는 느낌이 다르다. 무관심한 사람부터 예민한 사람에 이르기까지 그 폭은 클 것이다. 그러나 오하카에 대해 물었을 때 대부분의 사람이 연상하는 이미지에는 큰 차이가 없다. 최근에는 유령의 집에서나 느낄 수 있는 음산한 세계를 연상하는 사람은 거의 없으며, 구획화되어 잘 정리된 묘역에 가득 찬 오하카를 떠올리는 것이 일반적이다.

그렇기 때문에 지금 이 책에서 다루게 될 오하카에도 그 나름의 의미와 전개과정이 있었다는 점에 관심을 기울인 사람은 많지 않으리라. 그만큼 오하카는 우리들의 일상생활에 녹아들어 있기 때문에 오하카의 존재 의미에 대해 아무도 의문을 제기하지 않는 사회현상이 되기에 이르렀다. 그러나 보통의 일상이 되었다는 점 때문에 그 존재 의미를 알 필요가 있는 것이다.

오하카는 무엇인가. 그 사회현상의 의미를 조금씩 풀어가 보기로 하자.

제1장

오본(お盆) 의례에 무엇이 보이는가

1
'맞이하는 불', '보내는 불'의 일반적 상식

'맞이하는 불', '보내는 불'의 인식

오본(お盆)의 이틀째, 8월 14일. 여기는 시즈오카현(靜岡縣) 이하라군(庵原郡) 후지카와정(富士川町) 기타마쓰노(北松野). 마을〔集落〕의 뒤쪽에는 완만한 산지를 두고, 앞쪽에서는 후지천(富士川)의 급류를 볼 수 있는 평온한 마을이다. [사진 1-1]은 이날 저녁에 현관 입구에서 불을 피우고 있는 모습이다. 이른바 오본 행사의 하나로 '맞이하는 불', '보내는 불'이라고 하는, 이 지역에 사는 사람이라면 누구라도 알고 있는 광경이다. 이 지역에서는 이를

[사진 1-1] '보내는 불', '맞이하는 불'
(시즈오카현 이하라군 후지카와정 기타마쓰노)

'무카에다이마쓰'(迎え松明[1]) 또는 '오쿠리다이마쓰'(送り松明)라
고 부른다.

내가 이 광경을 본 것은 8월 14일 저녁.

지극히 평범하게 보이는 '맞이하는 불', '보내는 불' 의례이나,
여기에 커다란 의문을 갖지 않을 수 없다.

보통 '맞이하는 불'은 오본의 시작일인 13일 저녁에 태운다.
'보내는 불'은 16일 저녁(또는 15일 저녁)에 태운다. 오본이 시작되

1. '松明'이란 관솔, 관솔불 등을 말한다. 이하 문맥에 따라 '松明'은 관솔, 관솔불
  등으로 옮긴다.

는 13일 저녁, 저세상에서 조상을 맞이하기 위해 '맞이하는 불'이 피워져, 마중을 받은 조상은 14일, 15일 양일간 머무른 뒤, 16일 저녁에 '보내는 불' 의례를 통해 재차 저세상에 보내지게 된다. 이것이 '맞이하는 불', '보내는 불'의 일반적 상식이다.

그러나 내가 본 광경은 14일 저녁이었다. '맞이하는 불'에 의해 이미 조상이 내방(來訪)해 있는 시점에서 같은 '맞이하는 불'의 의례를 재차 행하고 있는 것이다.

이곳 기타마쓰노에서는 8월 13일부터 16일까지의 오본 기간 중 날마다 '맞이하는 불', '보내는 불'을 현관 입구에서 피우고 있다. 13일 저녁, 14일 저녁, 15일 저녁, 16일 저녁 날마다 불을 피우는 동일한 행위를 반복하고 있다. 성묘에서도 동일한 예를 볼 수 있다. 13일 저녁에 "부처(조상)[2]를 맞이하러 간다"고 말하고 있으나, 실상은 이것도 14일 저녁, 15일 저녁, 16일 저녁까지 날마다 이어진다.

이 지역에서는 성묘를 할 때 아쿠시바(アクシバ)라 불리는 상록수 가지로 불을 피운다. [사진 1-2]는 14일 저녁 성묘하러 가서 불을 피우고 있는 모습이다. 이미 조상이 내방해 있다고 인식하는데도 14일, 15일 시점에서도 연일 성묘하러 가서 조상을 맞이하기 위해 불을 피우고 있는 것이다.

---

2. 일본에서는 돌아가신 조상을 부처라고 부르는 것이 일반적이다.

[사진 1-2] 8월 14일 저녁에 관솔불을 피운다.
(시즈오카현 이하라군 후지카와정 기타마쓰노)

현실과 인식의 차이

일본의 대표적 세시풍속인 오본은 13일 저녁의 '맞이하는 불', 16일 저녁의 '보내는 불' 성묘 등을 행하는 날로 조상의 영혼을 모시는 '조상 제사'로 인식되어 있다.

그러나 현실을 있는 그대로 관찰해 보면 위해서 언급한 바와 같이 어딘가 이상한 점이 발견되고, 인식과 행위가 모순된다는 것을 알 수 있다. 즉 일반적 상식이라고 할 수 있는 우리들의 무자각적인 인식, 바로 이것이 현실과 어긋나는 것이다.

후지천 중류 부근, 시즈오카현에서 야마나시현(山梨縣)의 양쪽

[사진 1-3] 집의 입구에서 '맞이하는 불'
(시즈오카현 미시마시 사노)

에 걸친 지역에서는 이러한 '맞이하는 불', '보내는 불'로 인식되면서 실제로는 오본의 기간 중 날마다 집의 입구와 오하카(お墓)에서 불을 피우는 지역이 많다. 이러한 사례는 후지천 중류 부근뿐 아니라 타 지역에서도 많이 볼 수 있다.

시즈오카현 미시마시(三島市) 사노(佐野)에서는 8월 13일 저녁에 집의 입구에서 '맞이하는 불'을 태우고 있다. 띠(茅草)를 깔고 죽순대(孟宗竹)로 만든 통을 세워 거기에 향화(香花)를 꽂는다. 거기서 조금 떨어진 뒤에는 세 개의 참대를 세워 그 끝부분에 관솔을 붙여 각각에 불을 붙인다. [사진 1-3]은 13일 저녁에 이를 행하고 있는 모습이다. 그리고 이와 같은 행위를 14일 저녁, 15일 저녁에도 한다. 현재는 소나무가 줄어 관솔을 구하기 힘들기 때문에 간단히 불을 태우는 정도로 끝내는 경우가 많으나 연일 행해진다는 점은 과거와 마찬가지다.

이즈반도(伊豆半島) 남부의 산촌, 시즈오카현 가모군(賀茂郡) 가와즈정(河津町) 이즈미오쿠하라(泉奧原)에서도 오본 기간 중 날마다 집터 입구에서 불을 피운다. 오본이 되면 집터 입구에서 네 개의 대나무(하나는 길고 세 개는 짧음)를 세우고 그 끝에 관솔을

[사진 1-4] 집터 입구에서 관솔불을 피운다.
(시즈오카현 가모군 가와즈정
이즈미오쿠하라)

붙여 불을 붙인다. [사진 1-4]는 14일 저녁에 관솔을 태우고 있는 모습이다. 짧은 세 개의 대나무 끝에만 관솔 뭉치를 붙여 놓는다. 나머지 한 개, 긴 대나무에는 아무것도 특별히 하지 않는다. 이에 반해 16일 저녁은 13일 저녁과 마찬가지로 긴 대나무 장대 끝에만 관솔을 붙여 불을 붙인다.

이처럼 13일 저녁과 16일 저녁의 '맞이하는 불', '보내는 불'의 불을 붙이는 방식과 14일 저녁 및 15일 저녁의 불을 붙이는 방식이 미묘하게 다르다. 그럼에도 오본 기간 중 집터 입구라는 같은 장소에서 연일 불을 피운다는 점은 동일하다.

섬세한 관찰

조상을 맞이하기 위한 '맞이하는 불'과 맞이한 조상을 보내기 위한 '보내는 불'이라는 인식에 대한 일반적인 사회현상을 좀 더 섬세하게 관찰해 보기로 하자.

시즈오카현 누마즈시(沼津市) 니시우라지구(西浦地區) 고우(古宇) 마을은 스루가만(駿河灣)에 인접해 있다. 이 지역에서는 오본의 일정이 조금 변칙적이어서 7월 31일부터 8월 3일까지이다. 따라서 '맞이하는 불'은 7월 31일, '보내는 불'은 8월 3일에 행한다. 이곳에서도 오본 기간 중 날마다 저녁에 불을 피운다. 각 집에서는 집의 입구에서뿐 아니라 근처의 강이나 해안가 제방 위에서 하천 및 바다 쪽을 향해 솜대(淡竹) 5개를 비스듬히 세운다. 7월 31일 저녁은 그중 한가운데에 있는 대나무 끝에만 관솔을 붙여 거기에 불을 붙인다. 이를 '맞이하는 불'이라고 한다. 8월 1일과 2일에는 솜대 5개 모두의 끝에 관솔을 붙여 불을 붙인다. [사진 1-5]는 2일 저녁, 상록수의 붓순나무(梻)를 세워 잘게 썬 가지와 쌀을 뿌리고 강을 향해 불을 피우는 모습이다. 그리고 3일 저녁에는 다시 한가운데 있는 하나의 솜대 끝에만 관솔불을 붙인다. 이것을 '보내는 불'이라고 한다. 게다가 최근에는 많이 잊혀진 풍습이 되었지만, 8월 13일 저녁에도 한가운데의 하나에만 관솔불을 태운다고 한다.

이곳에서도 '맞이하는 불'에 해당하는 7월 31일 저녁과 '보내는 불'에 해당하는 8월 3일의 저녁에 태우는 방식과 1일 저녁과 2일

[사진 1-5] 8월 2일 저녁의 '맞이하는 불'
(시즈오카현 누마즈시 니시우라지구 고우)

저녁에 태우는 방식에 약간의 차이가 있기는 하나, 관솔불을 태우는 것이 오본 기간 중 날마다 행해지는 행사이다. 이뿐만이 아니다. 일반적 상식으로 '맞이하는 불', '보내는 불'은 집의 현관 입구 등에서 행하는 행위이다. 조상을 집으로 맞이하기 위해서라는 이유 때문이다. 그러나 이곳에서의 '맞이하는 불', '보내는 불'은 강가에서 물 쪽을 향해 관솔불을 태우고 있다. 이 경우를 보아도 일반적 상식과 실상이 어긋나 있음을 확인할 수 있다.

다음은 마을 사람들 모두가 집의 현관 입구가 아니라 바닷가 제방 위에서 관솔불을 태우고 있는 사례이다.

앞서 본 고우 마을과 마찬가지로 니시우라지구의 에나시(江梨)도 7월 31일부터 8월 3일까지가 오본 기간이다. 이곳에서는 31일

[사진 1-6] 마을 사람 공동의 '보내는 불'
(시즈오카현 누마즈시 니시우라지구 에나시)

저녁 집의 입구에서 '맞이하는 불'을 태운다. 이것은 돌로 울타리를 만들어 그 안에 모래를 깔고 관솔불을 태운다. 1일과 2일은 아무것도 하지 않는다. 그러나 3일 저녁이 되면 끝 부분에 관솔을 붙인 대나무를 가지고 마을 사람들이 하나둘씩 해안에 모여든다. 그리고 [사진 1-6]처럼 관솔을 바다 쪽을 향하게 하고 불을 붙인다. 관솔불을 서로 주고받으면서 순식간에 마을 사람들 공동의 '보내는 불' 의례가 행해지는 상태가 된다. 현재는 해안에 제방이 생겨 창고 등이 만들어져 있으나, 모래밭이 있던 과거에는 모래밭에 모여 앉아 관솔불을 피웠다고 한다.

이곳에서는 '맞이하는 불'을 31일 저녁 집의 입구에서 태운다. 보통은 '맞이하는 불'과 '보내는 불'은 동일 행위를 반복하는 것이지만, 이곳에서의 '보내는 불'은 '맞이하는 불'과 크게 다르다. 집의 입구에서가 아니라, 바닷가에서 바다 쪽을 향해 마을 공동체에서 행하는 것과 같은 상태로 관솔불을 태우고 있는 것이다.

근린(近隣)의 불일치

바닷가에서 관솔불을 태우는 사례 한 가지를 더 살펴보자. 같은 니시우라지구 구즈라(久連)라는 바닷가 마을이다. 이곳에서는 오본의 '맞이하는 불'과 '보내는 불'을 각 집에서는 행하지 않는다. 바닷가에 인접한 제방 위에서 마을 전체가 관솔불을 태우고 있다. 여기도 오본은 7월 31일부터 8월 3일까지다. 31일 저녁, 마을의 소방단원이 바닷가의 제방 위에 관솔을 일렬로 나란히 두면 어스름한 저녁 무렵 집집마다 사람들이 삼삼오오 해안에 모여든다. 그런데 사람들은 관솔을 가지고 오는 것이 아니라 거의 맨손으로 온다. 그리고 [사진 1-7]과 같이 나열된 관솔에 불을 지핀다. 관솔불 자체는 약 15분 정도 타다 꺼지고 각 집에서 나왔던 사람들도 집으로 돌아간다. 이와 동일한 행위를 1일, 2일과 3일까지 연속으로 반복한다. 7월 31일 저녁의 관솔불 붙이는 행위가 '맞이하는 불'로, 8월 2일 저녁의 관솔불 붙이는 행위가 '보내는 불'로 일컬어지나, 그 사이 1일 저녁에도 관솔불은 피운다. 즉, 이곳 구즈라에서도 3일 연속의 마을행사로서 해안에서 '맞이하는 불'과

[사진 1-7] 마을 사람 공동의 '보내는 불'
　　　　(시즈오카현 누마즈시 니시우라지구 구즈라)

'보내는 불'을 피우는 것이다.

　구즈라 주변의 마을에서는 이와 같이 '맞이하는 불', '보내는 불'로 인식되는 관솔불 태우기가 마을 공동체 전체의 의례로서 바닷가에서 행해지는 사례가 없다. 게다가 3일 연속 이어지는 일은 없다. 이에 대해 구즈라에서는 다음과 같이 설명한다.

　옛날에 구즈라에서는 오본 때의 불 때문에 큰 불이 두 번씩이나 일어났다는 말이 있다. 시골이기 때문에 불이 나면 쉽게 번지고 마을 안의 많은 집이 불에 탔다고 한다. 그래서 화재를 피하기 위해 마을 전체에서, 게다가 해안에서 지금처럼 행하게 되었다고 한다.

말하자면 이것은 전설화된 화재원인설이다. 설령 대화재가 사실이었더라도 해안에서 행하는 관솔불 태우기가 정말로 이 때문이었는지는 확인할 수 없다. 자신들의 의례가 다른 지역에 비해 변칙적이라고 인식하였기 때문에 이러한 이야기가 후에 생겨났을 가능성 또한 높다. 일본의 민속사상(民俗事象)에는 이러한 전설적 설명이 덧붙여진 것이 많다. 예컨대 설날에는 떡을 먹는 것이 일반적이지만 떡을 먹지 않는 설날이 있는데, 이것을 '낙인(落人)전설'로써 설명하는 일이 있다. 과거에는 조상이 설날보다 빠른 12월 31일(大晦日)에 떨어져 내려왔기 때문에 떡을 찧을 수 없었다. 그 영향으로 '떡 없는 정월'로 지내게 되었다는 것이다. 이러한 설명도 분석을 위한 1차 자료라 할 수는 있으나, 이것 자체가 민속사상의 의미를 나타내지 않는다는 것은 두말할 필요도 없다.

사회현상을 어떻게 볼 것인가

지금까지 시즈오카현 누마즈시 니시우라지구의 고우, 에나시, 구즈라 세 마을의 '맞이하는 불'과 '보내는 불'의 의례 내용을 세밀한 부분까지 관찰하면서 소개하였다. 이들은 모두가 스루가만(駿河灣)에 접해 복잡하게 엉켜 있는 해안선의 육지 쪽으로 움푹 들어간 부분에 각 마을이 펼쳐져 있기 때문에 공간적으로 서로가 완전히 근접하지는 않으나, 1955년 누마즈시에 합병되면서 동일

한 행정촌(니시우라촌西浦村)에 포함되었다. 이처럼 지역적으로 상당히 가까이 있는 마을에서조차 현실의 '맞이하는 불'과 '보내는 불'의 의례적 행사 내용은 서로 동일하지 않았다. 또한 이러한 '맞이하는 불'과 '보내는 불'이 조상을 맞이하기 위한 의례라는 종래의 학문적 통설에 대해서도 의문의 여지가 있다. 마을사람들은 '맞이하는 불'과 '보내는 불'로 동일하게 인식하면서도 현실의 민속사상은 그와 일치하지 않기 때문이다.

다양한 현실의 민속사상과 괴리된 상태에서 '맞이하는 불', '보내는 불'이라는 획일적 인식만이 존재하고 있다는 점을 지적할 수 있을 것이다. 이러한 현실과 인식의 괴리는 이를 전승해 온 이 지역 사람들에게만 존재하는 것이 아니다. 넓게는 일본 사회의 일반적 상식으로 통용되어 획일적인 문화현상으로 우리들을 에워싸고 있다. 오본의 첫째 날 저녁에 집의 입구에서 조상을 맞이하기 위해 '맞이하는 불'을 피우고, 마지막 날에 맞이한 조상을 보내기 위해 '보내는 불'을 피운다는 일반적 상식이 실은 현실과 부합되지 않는 인식에 지나지 않는 것이었다.

이러한 사실은 우리들이 실제의 사회현상을 해명할 때 주목해야 할 과제를 제시한다.

첫째로 사회현상을 리얼하게 관찰하는 것이 중요하다. 사회현상은 세부에 이르기까지 면밀하게 관찰할 필요가 있으나, 관찰자 자신이 깨닫지 못하는 사이에 일반적 상식에 젖어든 경우가 있고, 또한 관찰자 자신이 충분히 자각하더라도 관찰자의 '주관'을 통한 관찰일 수밖에 없으므로 순수하게 '객관'적이라는 것은 애당초 있을 수 없다. 그렇지만 사회현상을 분석하기 위한 '객관'적인 자료를 획득하기 위해서는 이를 관찰에 의해 파악해야만 하고, 여기서 관찰자의 리얼한 관찰이 필요하나, 오히려 관찰자의 어떠한 '주관'이 전제되어 있는가가 보다 중요하다. 가령 문헌사학에서 사관(史觀)이 중시되는 것처럼, 문헌만을 다루는 연구 분야에서는 분석의 단계에서 비로소 분석 시각이 등장하는 것으로 착각하기 쉬우나 사실은 전혀 그렇지 않다. 자료를 작성하는 시점에서 이미 전체를 관통하는 '주관'이 개입하게 된다. 오히려 중요한 것은 자료의 작성 및 제출에서 관찰을 위한 자신의 '주관'을 자각적으로 명시하는 데 있다. 논증을 위한 '객관'적인 자료를 분석의 대상으로 삼기 위해서는, 그 전제로서의 '주관'을 명확히 하는 것이 중요하다고 본다.

둘째로 이렇게 파악된 현실과 인식 사이의 어긋남을 어떻게 이해할 것인가라는 과제이다. 이제까지 현실과 인식 사이의 어긋남을 구체적으로 지적해 온 것은 우리들 자신의 관찰과 그것에 의한 자료 작성을 위한 '주관'을 설명하기 위해서였다. 사회현상을 파악하고 이해하기 위해서는 현실과 이를 둘러싼 인식을 구별하여 상호 간의 대응 및 비대응 관계를 중시해야만 한다. 기본적으로는 우리 자신들의 관찰에 의한 현실 및 민속사상을 분석하기 위한 기준을 정하는 것이 될 것이다. 이것에 의해 그 현실을 둘러싼 인식의 의미를 밝힐 수 있을 것이다.

이상 소개한 바와 같이 현실적 기준에 근거한 필드워크 자체가 필자 자신의 '주관'에 의한 현실 파악 방법이며, 자료 작성을 위한 선택의 기준이었다. 현실과 인식의 차이, 획일화되는 경우가 많은 인식, 현실과는 괴리된 채 '혼자걷기'를 하는 경우조차 있는 현실을 둘러싼 인식, 이러한 사회현상의 의미를 해명해 보고자 한다.

'맞이하는 불', '보내는 불'의 현실

한정된 지역의 소수의 사례였지만 오본의 '맞이하는 불'과 '보내는 불'의 현실을 필자 나름의 필드워크 방법으로 살펴보았다. 그 결과 여기서 살펴본 의례적 현실은 다음과 같이 정리할 수 있다.

첫째로 시간을 기준으로 하면 '맞이하는 불', '보내는 불'로 인식되면서도, 오본의 기간 중 날마다 집의 입구에서 불이 피워지고 있다는 점이다. 8월 13일부터 16일까지 보내는 오본의 경우, 13일 저녁, 14일 저녁, 15일 저녁, 16일 저녁 4일간 연속(16일에 피우지 않는 경우는 3일간 연속)해 집의 입구에서 관솔불을 태운다. '맞이하는 불' 13일, '보내는 불' 16일과 중간의 14일, 15일의 태우는 방식에 약간의 차이가 있고, 그러한 방식의 차이에 어떠한 의미가 내재할 가능성이 있으나, '맞이하는 불로서 13일, '보내는 불'로서 16일 이외의 오본 기간 중에도 같은 모습의 행위로서 관솔불을 태운다. 따라서 오본에 관솔 등으로 불을 피우는 행위가 정말로 '맞이하는 불', '보내는 불'의 기능을 가지고 있는지 의문을 갖지 않을 수 없다.

둘째로 공간을 기준으로 하면 조상을 맞이하기 위한 '맞이하는 불', '보내는 불'로 인식되면서도 이것을 태우는 공간이 각 집의 입구가 아닌 바닷가나 강에서 행해지는 경우도 있다. 게다가 이러한 경우 각 집에서의 의례가 아니라 마을 전체의 의례로 행하는 경우조차 있다. 각 집마다 집의 입구에서 오본의 첫째 날과 마지막 날에 관솔불을 태우는 것이 조상을 맞이하였다가 보내기 위한 '맞이하는 불'과 '보내는 불'이라고 하는 의미부여가 가능할 것이다. 그러나 왜 조상을 맞이하였다가 보내기 위해 바닷가나 강에서 행사를 해야만 하는 것인지에 대해서는 의문을 갖지 않을 수 없다.

집의 입구 이외에 바다와 강에서 '맞이하는 불', '보내는 불'을 피우는 것에 대해서는 종래 그 의미가 제대로 고찰된 바가 없었다. 일반인의 상식으로도, 의례의 행위자 자신에게도, 이를 연구하는 연구자에게도 오본의 '맞이하는 불', '보내는 불'은 모두 동일한 것으로 인식되어 있었다. 요컨대 오본의 '맞이하는 불', '보내는 불'은 집의 입구든 바닷가든 강이든 어디에서 어떠한 식으로 태워지든지 그 이질성이 인정되지 않은 채 단지 모두 조상을 위한 '맞이하는 불', '보내는 불'이라고 인식되어 온 것이다.

현실의 사회현상에 따라 이해하는 것이 아니라, 주어진바 전제로서 '맞이하는 불', '보내는 불'이 조상에 대한 제사라는 인식이 있었고, 이것이 오본에 태워지는 모든 불에 적용되어 왔다고도 볼 수 있다. 이는 현실에 대한 인식의 우위성이라는 현상으로도 설명할 수 있을 것이다. 이러한 현상이 생겨난 것 자체도 어떠한 원인이 있는지 생각해 볼 필요가 있으며, 사회현상의 해명이라는 학문적 과제로서는 지금까지 이러한 점에 의문을 갖지 않았던 연구자에게도 문제가 있었다.

야나기타 구니오의 '맞이하는 불', '보내는 불' 이론

예를 들어 일본의 대표적 민속학자 중 한 명인 야나기타 구니오(柳田國男)의 '맞이하는 불', '보내는 불' 이론을 보기로 하자.

오본의 '맞이하는 불', '보내는 불'이 인문과학의 연구대상으로 처음 나타난 것은 그가 편찬한 연중행사자료집인 『세시습속어휘(歲時習俗語彙)』의 51 「정령화(精靈火)」에서 일본열도 각지의 '맞이하는 불', '보내는 불'의 사례를 소개하면서부터였다. 마을 전체로서, 또는 마을의 아이들에 의해 산이나 언덕에 올라 '맞이하는 불', '보내는 불'을 행하는 사례가 열거되어 있다.

그러나 야나기타의 경우 자신의 필드워크에 의한 자료 작성을 행하지 않고 문헌정리에 의하여 자료를 수집하였기 때문에 '맞이하는 불', '보내는 불'의 사례를 소개하면서도 현실의 파악과 분석에 대해서는 결론과 논증이 결여된 것으로 보인다. 이 책에서 수집된 자료 가운데 그가 '맞이하는 불', '보내는 불'에 대해 부여한 학문적 의미는 다음과 같은 것이었다.

『세시습속어휘』로부터 7년 후에 발표된 『선조이야기(先祖の話)』(1946)는 야나기타의 조상제사론, 조령신앙(祖靈信仰) 학설의 도달점으로 말해지는 저작이다. 여기에서 그는 『세시습속어휘』에서 정리한 '맞이하는 불', '보내는 불'의 사례를 들어 '이것은 조령(祖靈)의 이정표'라고 한다. 조상을 위한 '맞이하는 불', '보내는 불'이라는 일반적 상식과 같은 이해다. 그리고 이를 위해 그가 논거로서 제시한 사례는 '맞이하는 불', '보내는 불'을 행할 때 아이들이 외치는 문언(文言)이었다. 그가 인용한 문헌은 근세의 것이었다.

간세이(寬政) 시기에 나온 책 『오민도휘(奥民圖彙)』에 의하면 히로사키(弘前) 부근에서는 "할아버지, 할머니 말 타고서 어서 오세요! 어서 오세요!"라는 분카(文化) 시기에 나온 책 『오슈 아키타 풍속문상답(奥州秋田風俗問狀答)』에 의하면 아키타(秋田)의 성 아래에서도 "할아버지, 할머니 말 타고서 어서 오세요!"라는 아이들이 외치는 문구가 있다고 한다. 야나기타는 이러한 사례를 들어 '맞이하는 불' '보내는 불'에는 아이가 할아버지, 할머니를 불러내는 문언이 있기 때문에 이것이 조상 제사를 나타내는 것이라고 하였다. 즉, 야나기타가 조상을 위해 '맞이하는 불', '보내는 불'이라고 설명하는 근거에는 이러한 아이들의 문언이 있었던 것이다.

'맞이하는 불', '보내는 불'에 대한 야나기타의 자료 작성에서
부터 결론을 이끌어 내는 과정을 살펴볼 때, 과연 현실을 정확히
파악하였는지, 또한 결론을 이끌어 내는 분석의 방법 및 순서가
적절했는지 의문을 갖지 않을 수 없다. 야나기타는 아이들이 부
르는 노래의 문언, 즉 소리내기를 통해 조상 제사라는 단정을 내
린 것에 지나지 않았다. 자료의 분석을 행하는 과정에서 논리적
으로 결론을 끌어 낸 것이 아니라, 단지 "이러한 소리내기의 문언
이 있기 때문에 조상 제사로서의 '맞이하는 불', '보내는 불'로 볼
수 있다"라는 것이다.

이러한 일련의 연구과정을 살펴보았을 때, 연구자로서의 야나
기타가 '맞이하는 불', '보내는 불'에 대하여 이것은 조상을 위한
것이라는 일반적 상식을 무자각적으로 받아들였던 것은 아니었
는지 의문을 갖지 않을 수 없다.

2
'본다나'(盆棚)는 조상을 모시는가

동시 진행하는 의례

다시 한 번 오본의 '맞이하는 불', '보내는 불'의 현실로 돌아가
보자.

시즈오카현 가모군의 미다카(見高)에서는 8월 13일 저녁이 되
면 각 집에서 관솔을 가지고 사람들이 밖으로 나와 바닷가 제방
위에 모여 '맞이하는 불'을 피운다. 여기서도 오본의 불은 집의 입
구가 아니라 바닷가에서 피운다. 그러나 미다카의 경우에는 14일
저녁, 15일 저녁은 불을 피우지 않고 16일 저녁 '보내는 불'로서

[사진 2-1] 바다를 향해 관솔불을 피운다.

다시 각 집에서 관솔을 가지고 나온 사람들이 바닷가 제방 위에
서 관솔불을 피운다.

[사진 2-1]은 마을을 흐르는 작은 하천의 하구에 있는 다리 위에
서 바다를 향해 관솔불을 피우고 있는 모습이다. 이 바닷가에서
피우는 관솔불을 '조롯피'(チョウロッピ)라고 부르는 사람도 있다.
그리고 이 미다카에서는 16일 저녁 각 집에서 가지고 나온 관솔
불을 피우는 것과 거의 같은 시간대에, 볏짚으로 만든 인형 등을
태운 '무기카라 배'(麥殼船)³를 바다에 떠내려 보낸다. '무기카라
배'는 현재는 소방단에 의해, 과거에는 청년단(若い衆)에 의해 만

3. 짚으로 만든 배.

[사진 2-2] '무기카라 배'(麥愁船)를 바다에 떠내려 보낸다.
(모두 시즈오카현 가모군 가와즈정 미다카)

들어졌다. 이것은 승려와 니본(新盆)[4]의 집이 참례하여 아귀(餓鬼)
에게 보시를 한 후 항구에 내려져 [사진 2-2]와 같이 발동기선에
이끌려 항내를 시계방향으로 세 바퀴 돌고 난 후 바다에 떠내려
보내진다.

　　민속사상 이외에도 복수(複數)의 사회현상이 동시에 진행하는
경우가 많다. 그러한 때 동일 공간에서 동시 진행하는 것이 있다
면 그것들을 상호 관련된 것으로 가정하는 것은 지극히 자연스러
울 것이다.

　　동시 진행하는 예를 한 가지 더 보기로 하자.

4. 집안 사람이 죽고 처음 맞이하는 오본.

앞에서 오본의 최종일인 8월 3일 저녁 해안에서 바다를 향해 관솔불을 피우는 사례를 소개한 니시우라지구의 에나시에서는 각 집에서 가지고 나온 관솔불을 피우는 것과 같은 시간에 해안에서는 중년의 여성들이 염불을 외운다. 제방이 이어져 있는 에나시 마을에서는 동쪽의 바닷가 쪽에만 모래로 된 해변이 펼쳐져 있다. 거기서 [사진 2-3]에서 보는 바와 같이 정좌한 여성들이 바다를 향해 징을 울리면서 염불을 외운다. 관솔불을 피우고 있는 사람들은 제방 위에 있기 때문에 제방 위의 창고에 가로막혀 그 합창의 소리는 작은 정도로밖에 들리지 않지만, 같은 시간 같은 공간에서 관솔불을 피우는 행위와 염불의 합창이 동시 진행된다.

[사진 2-3] 해안에서 함께 염불을 외운다.
(시즈오카현 누마즈시 니시우라지구 에나시)

복수의 제사 대상을 모신다

앞에서는 '맞이하는 불', '보내는 불'의 사례만을 검토하였다. 그러나 지금 언급한 것처럼 오본은 '맞이하는 불'과 '보내는 불'로만 구성되는 것은 아니다. 과거 민속학에서 종종 사용된 표현을 빌리자면 "민속 사상(民俗事象)은 상호 유기적 관련성을 지니고 구성되어 있다"라고 말한다. 그 일례로서 어느 한 가정

[사진 2-4] '본다나'(盆棚)
(시즈오카현 누마즈시 니시우라지구 고우치)

의 오본을 시간의 축에 따라 관찰해 보기로 하자.

시즈오카현 니시우라지구 고우치(河內)는 7월 31일부터 8월 3일까지가 오본이다. 31일 저녁까지 [사진 2-4]처럼 본다나(盆棚)를 설치하고 '맞이하는 불'을 피운다. 평소에 위패는 불단에 모셔지기 때문에 각 가정의 사자제사(死者祭祀)의 중심은 불단이라 할 수 있다. 하지만 오본 기간 동안에는 불단과는 별도로 이러한 특별한 제사 선반이 설치되어 위패도 이 본다나로 옮겨져 사자제사도 여기서 행해진다(간략화되어 불단 앞에 작은 선반을 만들어 대신

하는 집도 있다). 이 지역에서는 이 본다나를 정령님(お精靈さん)이라고 부른다.

조상 대대의 위패를 불단에서 꺼내어 본다나의 가운데 단(中段) 중앙에 둔다. 그 뒤에 임제종(臨濟宗)에 속한 이 집에서는 '임제종의 본존(本尊)이 13불상'이므로 13불(十三佛)의 족자를 건다. 13불은 1번의 부동명왕(不動明王)부터 13번의 허공장보살(虛空藏菩薩)까지 사후의 죄를 경감해 주는 13체(十三體)의 부처를 가리킨다. 또한 위패를 둔 가운데 단의 양 측면에 경단 20개를 둔다. 이 20경단은 원추형으로 쌓으나 그 옆에 한 개만 여분을 두어 합계 21개를 둔다. 왜 여분의 한 개를 두는가에 대해서는 "아귀(餓鬼), 무연불(無緣佛)을 위해"라고 한다. 그리고 선반을 에워싸는 형태로 대나무를 조립해 수평으로 걸쳐 둔 나무에는 토란, 꽈리, 감, 감귤(이곳은 감귤의 산지)을 늘어뜨린다. 아랫단에는 밥상과 물을 넣은 그릇을 바치고, 맨 앞에는 나무젓가락으로 다리를 만든 가지 말(ナス馬), 오이 말(キュウリ馬)을 놓아 둔다. 조상 대대의 위패를 향해 다양한 공물을 바치고 있는 형태이다. 한편 이 본다나의 오른쪽 구석에 [사진 2-5]와 같이 토란의 잎사귀를 깔고 그 위에 토막낸 가지, 오이, 참외 등을 수북이 담는다. 이것도 "아귀, 무연불을 위해"라고 한다.

31일 저녁에 이 본다나가 설치되면서 오본이 시작된다. 이 본다나에는 적어도 세 종류의 제사 대상이 있는 것을 확인할 수 있다. 우선 본존인 13불, 둘째로 위패로 상징되는 이 집의 조상, 셋

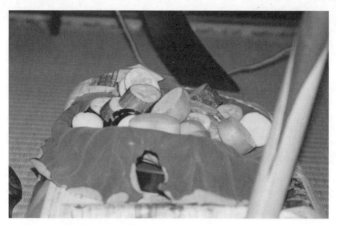

[사진 2-5] '아귀'(餓鬼)에의 공물
(시즈오카현 누마즈시 니시우라지구 고우치)

째로 아귀·무연불이다. 8월 3일이면 내려지는 고작 4일 한정의 소규모 제사 시설이기는 하나, 그렇다 하더라도 세 종류의 제사 대상이 중층적으로 존재하고 있다. 또한 승려가 독경을 올려 주기 위해 각 집을 순회하는 날은 이곳에서는 31일이고, 성묘는 8월 1일 한 번뿐이다.

31일 저녁에는 [사진 2-6]처럼 집의 출입구에서 '맞이하는 불'을 피운다. 집의 출입구에 잎사귀를 남긴 채 솜대(淡竹)를 세우고 그 아래에 관솔불을 피운다. 현재는 땅바닥에서 행하고 있으나, 이전에는 소나무 등불을 붙여 태웠다고 한다.

그리고 8월 3일 저녁의 '맞이하는 불'은 7월 31일 저녁과 같은 방식으로 집의 출입구에서 피운다. 그런데 1일과 2일 저녁에는 집

[사진 2-6] 집의 출입구에서 관솔불을 피운다.
(시즈오카현 누마즈시 니시우라지구 고우치)

터 안쪽에 솜대 여섯 개를 부채형으로 넓혀 세우고 육지장(六地藏)이라고 불리는 것을 만들어 거기에서 관솔불을 피운다. 여기서도 오본의 첫날인 7월 31일과 마지막 날인 8월 3일 저녁의 불을 피우는 방식과, 중간의 8월 1일과 2일 저녁의 불을 피우는 방식이 조금은 다르다고 해도 오본의 4일간 날마다 불을 피우고 있는 것이다.

간다(神田)에 장 보러 간다

오본의 둘째 날인 8월 1일 낮, 이 집에서는 반드시 국수를 만든다. 점심식사로 먹을 뿐 아니라 "가지 말, 오이 말의 먹이로 준다"

[사진 2-7] 가지로 만든 말, 오이로 만든 말

라고 해서 가지 말, 오이 말의 등에 국수를 조금씩 걸쳐 둔다. 그런 다음에는 [사진 2-7]과 같이 이들의 방향을 뒤쪽을 보게 한다. 또 지갑에 돈을 넣어 바치고, 찹쌀로 팥밥을 지어 이를 13개 정도 주먹밥으로 해, [사진 2-8]처럼 거기에 긴 이쑤시개를 하나씩 꽂아 가운데 단의 위패 앞에 둔다. 이렇게 하는 이유에 대해서는 "내일(2일) 부처님(조상님)이 가지 말, 오이 말을 타고 간다(神田)에 장보러 가기 때문"이라고 한다. 그리고 "2일은 부처님(조상님)이 없으나, 2일 저녁에 돌아오기 때문"에 밥을 지어 바친다.

설치된 본다나는 세부적인 변화를 보인다. 예를 들어 오본의 기간 중에 이쑤시개를 꽂은 팥밥을 바친다. 이렇게 하면 부처님(조상님)이 외출해 버린다고 인식하고 있다. 그리고 이 부처님(조

[사진 2-8] 팥밥의 주먹밥을 바친다.
(시즈오카현 누마즈시 니시우라지구 고우치)

상님)이 외출하는 곳이 간다(神田)라고 하는 것도 기묘하다. 이것
이 도쿄(東京)의 간다(神田)를 나타내는지를 물으면 대답을 얼버
무리고, 어쨌든 옛날부터 이렇게 말해 왔다라고 설명하는 정도이
다. 주목할 점은 이러한 부처님(조상님)의 외출에 대한 기묘한 설
명은 이 지역뿐 아니라 간토(關東) 지방에도 널리 분포되어 있다는
것이다. 간혹 약간 다른 경우가 있기는 하다. 예를 들어 8월 13일부
터 16일까지를 오본으로 지내는 시즈오카현 가모군 히가시이즈
정(東伊豆町) 미즈시타(水下)에서는 15일 아침에 찰밥으로 5개의
주먹밥을 만들어 [사진 2-9]와 같이 거기에 대나무를 꽂아 불단 앞
에 설치한 본다나에 둔다. 왜 이렇게 하는가를 물으면 "부처님(조
상님)이 논을 둘러보러 가기 때문에"라고 대답한다. 실은 이 설명

[사진 2-9] 팥밥의 주먹밥을 바친다.
(시즈오카현 가모군 히가시이즈정 미즈시타)

도 간토 지방에까지 널리 분포해 있다(논이 아니라 '밭을 둘러본다'라는 경우도 있음).

간다(神田)든 논이든 밭이든 어쨌든 기묘한 이야기이기는 하나, 이를 행하는 사람들은 오본의 3일째, 마지막 날의 전날에는 부처님(조상님)이 어딘가를 돌아다닌다고〔遊行〕 생각하는 듯하다.

본다나는 그 제사 대상이 중층적으로 존재할 뿐만이 아니다. 그 중층적 상태를 재검토해 보면, 이것을 행하는 사람들도, 우리들 관찰자도, 무언가 기묘해서 잘 모를 것 같은 현상으로 가득 차 있다. 이미 첫째 날의 '맞이하는 불'로 조상은 내방해 온 것이 되나, 3일째는 간다(神田), 논 등에 외출해 버린다. 그리고 이렇게 돌아다니다 집에 돌아오면 4일째 아침에 바로 돌려보낸다. 게다가

이 외출은 이쑤시개나 대나무가 푹 꽂힌 기묘한 찹쌀로 만든 팥밥(주먹밥)을 바치는 것이 계기가 된다.

찹쌀로 지은 팥밥과 '마쿠라메시'(枕飯)

지금까지 언급한 바처럼 오본의 현상을 세부에 이르기까지 상세히 관찰했을 때, 상식적으로 인식되었던 조상 제사의 성격으로는 설명하기 어려운, 그 구체적 모습이 떠오른다. 적어도 '맞이하는 불', '보내는 불'이 조상을 맞이하고 보낸다는 단순한 인식에는 무리가 있다고 지적할 수 있다. 또한 지금 여기에서 소개한 팥밥에 이쑤시개나 대나무 막대를 꽂아 본다나에 바치는 것은 누가 보아도 기묘하다.

예를 들어 본다나에 모셔 둔 위패가 조상의 표상이라고 이해하더라도, 과연 이 이쑤시개를 꽂은 팥밥을 조상 제사의 대상으로 간주할 수 있을까? 오본이 조상 제사라는 일반적 상식이 있더라도 이 기묘한 팥밥 또한 조상 제사를 위한 공물로 단정하기에는 무리가 따른다. 아무리 보아도 이 팥밥은 그 형상에 특징이 있다.

사자제사와 관련해 유사한 형상을 지니는 민속사상은 없는 것일까? 유사한 물체가 존재한다면 그 유사성을 기준으로 비교가 가능하기 때문이다.

[사진 2-10] 묘석의 공물로서 '마쿠라메시'(枕飯)
(시즈오카현 시즈오카시 스루가구 시모가와하라)

지금 오본을 소개한 지역에서 장의(葬儀)시에 죽은 사람의 베갯머리(머리맡)에는 수북이 담은 밥에 젓가락을 푹 꽂은 마쿠라메시(枕飯)가 놓인다. 간략화가 진행된, 또는 장의업자의 관여가 현저한 현재의 장의에서도 계속되는 민속사상 중의 하나이다. 이 마쿠라메시는 입관 이전의 베갯머리로부터 입관 후의 관 앞, 게다가 현재에는 화장장에까지 옮겨지는 일이 많다. 그리고 마지막으로는 묘석(墓石)까지 마쿠라메시는 일관되게 죽은 사람과 함께 한다. [사진 2-10]은 장의 직후 '묘석'에 놓인 마쿠라메시다.

이 젓가락을 꽂은 마쿠라메시의 형상을 보면 흰 쌀밥(멥쌀로 끓이다)과 팥밥(찹쌀로 찌다)의 차이가 있더라도, 지금까지 확인해 온 본다나의 팥밥과 동일 형상인 것은 분명하다. 고형(固形)으로 딱딱해진 형태의 밥에 막대형 물체를 꽂는다. 이것이 장의에서도 오본에서도 그 사자제사를 둘러싼 중요 요소 중의 하나인 것이다.

식탁에서 "젓가락을 세워서는 안 된다"라고 주의를 받은 경험자도 꽤나 있을 것이다. 식사 중 밥그릇 및 반찬그릇에 젓가락을 세운다 한들 그것이 물리적으로 크게 문제되지 않는다(젓가락이 넘어지면서 음식이 튈 가능성은 있지만). 그러나 젓가락을 세워서는 안 된다는 주의를 받은 경험이 없더라도, 식탁에서 젓가락을 눕혀 두는 것은 지극히 일반적인 현상임에 반해, 음식물에 젓가락을 세우는 것은 누가 보더라도 어딘가 위화감을 갖게 한다. 아마도 우리들이 미처 의식하지 못한 채 보편화된 식탁에서의 일상적 풍경은, 지금 여기에서 본 것과 같은, 오본의 팥밥 및 마쿠라메시 등이 사자제사와 관련되기 때문에 그로부터의 역설적인 금기로서 형성되었으리라 생각할 수 있을 것이다. 요컨대 일상의 식탁에 사자제사와 같은 모양의 물체가 존재해서는 안 되는 것이다.

그렇다면 이 고형의 밥에 막대형의 물체를 꽂는 민속사상의 의미는 무엇일까.

팥밥에 막대형의 물체를 꽂는 것

이 사례만은 아니나, (주먹밥 형태의) 팥밥은 대체로 조상의 위패 앞에 두어진다. 이 때문에 이를 행하는 사람들 중에는 막연히

[사진 2-11] 다리 위의 공물
(시즈오카현 누마즈시 니시우라지구 고우치)

이것이 위패에 대한 공물로서 인식하는 사람이 있다. 그러나 현실은, 그 집 조상을 표상하는 위패는 불단에서 빼내어 본다나에 모신 뒤 다시 불단으로 돌려보내게 된다. 그러나 오본 기간에 본다나에 놓아두었던 이 팥밥은 오본이 끝나면 시냇물 등에 떠내려 보낸다. [사진 2-11]과 같이 가지 말, 오이 말과 함께 팥밥을 다리 위에 두는 경우도 있다. 조상의 요리시로(依代)[5]인 위패는 팥밥과 서로 다른 의례 과정으로 움직이는 것이다.

조상의 요리시로인 위패와 공물로서의 팥밥은 서로 이질적인 의례인 것은 아닐까? 또한 조상의 요리시로인 위패에는 기피해야

---

5. 신이 붙어 머물게 하기 위한 물체, 빙의물.

만 할 금기는 없다. 그러나 마쿠라메시와 같은 형태의 이 팥밥에는 식탁의 금기가 존재한다. 기피되어야만 하는 존재인 것이다. 이렇게 보면 젓가락 등을 꽂는 팥밥에는 위패로 상징되는 조상이 아니라 그와는 다른, 기피되어야만 하는 죽은 사람의 영혼이 머물러 있다고 판단할 수 있을 것 같다.

여기서는 이렇게 기피되어야 하는 죽은 사람의 영혼을 사령(死靈)이라고 일컫기로 하자. 본다나라는 동일의 제사 시설에도 산 사람에게 환영 받는 조상과는 이질적인, 기피하고 싶은 제사 대상으로서 사령이 병존하고 있다.

그리고 더욱 중요한 문제는 이러한 팥밥을 둘러싸고 '간다'(神田) 또는 '논밭' 등으로의 유행(遊行)이야기가 부가되어 있는 점이다. 반 우스갯소리와 같은 이 이야기를 그대로 수용하는 것은 불가능하나, 이 이야기 자체를 분석하기 위한 자료로서 다룰 필요가 있다. 물론 이러한 이야기를 분석한다는 것은 의외로 상당히 어렵다. 굳이 말하자면 사령이 어슬렁어슬렁 떠돌아다니는 모습을 나타내는 이야기로 생각할 수도 있으나 확실하지는 않다. 단, 이러한 이야기가 광범위하게 분포하여 유형화되어 있는 것으로 보아 오본의 중층적인 사자제사로서의 성격이 이 이야기에 분명하게 나타난 점은 확실하다.

현실과 대응하지 않는 일반적 상식

'맞이하는 불', '보내는 불'로부터 시작된 논의가 본다나까지 넓혀졌으나, 오본을 둘러싼 현실의 민속사상을 세부에 이르기까지 상세히 관찰해 보면, 오본은 조상 제사라는 일반적 상식과는 이질적인 부분이 존재하고 있음이 분명해졌다.

현실을 있는 그대로 관찰하면 현실과 그것을 둘러싼 일반적 상식 사이에 존재하는 어긋남을 발견할 수 있다. 여기서는 오본 의례를 통해 조상 제사로 인식되어 왔던 행사가 실은 현실과 인식 간의 비대응 관계로 존재해 왔음을 확인할 수 있었다.

그러나 우리들의 일상은 의외로 이 일반적 상식에서 탈피하는 일 없이 계속되고 있다. 오히려 현실적 실상과는 대응하지 않는 일반적 상식이 널리 유포되거나, 또는 우위를 점하여 이것이 현실적 실상을 뒤엎고 있는 것처럼 보이기도 한다. 극단적인 표현이 될지 모르나, 이것이 현실을 정확하게 파악하는 사고를 약화시킨다고 여겨진다.

현실적 실상을 분명히 파악하기 위해서는 현실적 실상과 일반적 상식과의 대응 및 비대응 관계를 분명히 하는 작업이 무엇보다 중요하다고 생각된다.

앞으로 이 책에서 전개할 묘(墓)와 '오하카'(お墓)의 해명도 이러한 일관된 관점을 통해 현실을 리얼하게 관찰하는 것에 중점을 둘 것이다.

제 2 장

장송의례(葬送儀禮)와 묘

3
장송의례에서의 영혼

임종시의 이야기

야마나시현(山梨縣) 북부의 어느 산촌에서 이러한 이야기를 들었다.

어느 집의 딸이 결핵에 걸려 병원에 오랫동안 입원해 있었다. 언젠가 지금은 없어진 택시회사의 운전기사가 병원 앞에서 이 딸을 집까지 태워 주었다. 딸은 요금을 지불하기 위해 곧 돌아오겠다고 하며 집 안으로 들어갔으나 결국 돌아오지 않았다. 그런데 그 시각에 딸은 병원에서 사망했다고 한다. 이 택시기사는 3일간 자리에 누웠고, "살해당하고 싶지 않다"고 하며 어느 절에 들어가 1개월 정도 숨어 지냈다.

실화라고 듣긴 했으나, 이른바 택시 민화(民話)의 하나이다. 깊은 밤에 택시기사가 여자를 태운다, 지정된 장소에 도착하여 말을 걸며 뒤를 돌아보자 여자는 없다, 그리고 뒷좌석은 뭔가에 젖어 있다는 등의 잘 알려진 택시 민화와 유사하다. 단, 지금 소개한 이야기는 택시 민화의 유형에 임종시의 이야기가 복합되어 있다. 나중에 그 죽음을 알게 됨으로써 택시기사가 태운 딸은 실은 병원에서 죽어 가던 딸의 유리(遊離)된 영혼이라는 것이 이 이야기의 포인트이다.

같은 산촌에서 이런 이야기를 들었다.

항상 차를 마시러 와서 할머니와 말동무를 하던 윗집 할머니가 황급히 들어왔다. 이 집에 있던 막내딸이 우연히 그 모습을 보고 "할머니, 윗집 할머니 왔어요"라고 불렀으나 할머니는 아무 대꾸가 없었고, 아무 일 없었던 것처럼 그렇게 지나갔다. 다음 날 윗집 할머니는 급사(急死)했다.

이 집의 막내딸만이 사망 전날 윗집 할머니의 방문을 보았다. 다른 가족은 그것을 전혀 눈치 채지 못하였다. 윗집 할머니의 영혼은 작별인사를 하러 온 것이었을까?

다음은 공동환청(共同幻聽)이라고도 할 수 있는 이야기이다.

집에서 밖으로 나간 사람이 죽으면 지붕이 운다고 한다. 이 집에서 출가하여 남의 집 며느리가 된 요시코 할머니(가명)가 죽었을 때 지붕이 울었다. 지붕에 돌이 부딪치는 소리와 함께 우르르 무너지는 소리가 들렸는데, 나중에 알게 된 것은 바로 그때 할머니가 위독한 상태였다고 한다. "요시코 할머니가 작별 인사하러 왔다"고 모두들 서로 이야기했다고 한다.

다음은 임종시에 불덩어리를 본 이야기이다.

앞집의 아저씨는 주정뱅이로 취하면 아주머니에게 폭력을 휘두르는 사람이었다. 이 때문에 앞집의 아주머니는 아저씨가 취해 폭력을 휘두르기 시작하면 집에서 도망 나와 있었다. 언젠가 툇마루에서 밖을 보고 있자니 앞집 마당의 변소에서 불덩어리가 튀어나오는 것이 보였다. 그 직후에 앞집의 아주머니가 죽은 것을 알았다.

지금까지의 이야기는 모두 임종시에 영혼이 육체에서 유리하고 있는 이야기이다. 필자는, 물론 이러한 것이 과학적으로 있을 수 있는가를 문제 삼으려는 것은 아니다. 삶에서 죽음으로 옮겨가는 시간적인 경계에서 영혼이 육체에서 유리한다는 환상이 우리 사회에는 있는 것 같다는 것이다.

임종시의 이야기는 여기에서 소개한 것에 한정되지 않는다. 야나기타 구니오의 『원야이야기(遠野物語)』에 소개된 이야기를 하나 들어 보도록 하자.

쓰치부치촌(土淵村) 중심지에 촌사무소 및 소학교 등이 있는 곳을 모토주쿠(本宿)라고 한다. 이곳에서 두부 장사를 하는 마사(政)라고 하는 사람은 올해로 36세인가 37세가 된다. 이 사람의 아버지가 큰 병에 걸려 죽을 즈음, 이 마을과 떨어진 시모토치나이(下栃內)의 토목공사장 터다지기를 하는 곳으로 저녁에 그의 아버지가 홀연 나타나 사람들에게 인사를 하고는 자신도 작업에 넣어 달라고 하여 잠시 함께 일하고 나서 모두 밤에 돌아왔다. 사람들은 큰 병에 걸린 사람이 어쩐 일인지 하여 이상하게 여겼다. 나중에 들은 이야기로는 바로 그날 그의 아버지가 돌아가셨다고 한다. 사람들이 문상 가서 그날 일을 이야기하자 일하러 왔던 바로 그 시각이 숨을 거둔 시간대였다고 한다(『遠野物語』, 86).

빈사(瀕死)의 환자가 사람들이 모이는 일터에 나타났다. 그리고 함께 일한 사람들은 나중에 그 사람의 죽음을 알게 된다는 이야기이다. 여기서도 빈사의 인간 영혼만이 유리하는 환상, 이러한 이야기는 임종시의 이야기에만 한정되는 것이 아니다. 가령 임사체험(臨死體驗)이 있다. 빈사의 강아지 옆에 누워 있으면, 그 주위에서 지켜보는 가족 친구들의 모습을 (그 강아지가) 머리 위에서 지켜보고 있었다고 하는 체험담은 많다. 이른바 유체이탈(幽體離脫)이라고 할 수 있는 현상으로 임사체험이 말해지기도 한다.

덧붙여 이러한 임종시의 이야기에 대해서는 마쓰타니 미요코(松谷みよ子)의 노작(勞作) 『현대민화고(現代民話考)』의 제2권(「군대軍隊」), 제4권(「꿈의 알림夢の知らせ」), 제5권(「저세상에 간 이야기あの世に行った話」)에 다수 수록되어 있다.

영육분리(靈肉分離)의 관념과 장송의례

삶에서 죽음으로 이행하는 경계적 시간은 영혼이 육체로부터 유리하기 쉽다고 인식되어 온 것이다. 확실히 일본 사회에는 육체와 영혼을 분리하는 영육분리의 관념이 존재해 있다. 자연과학적으로는 이러한 것은 있을 수 없고, 이러한 관념 자체가 하나의 환상이라는 것은 두말할 필요도 없다.

여기서 생각해 보고 싶은 것은, 이러한 영육분리의 관념이 영육분리가 촉진되어야만 한다는 관념으로서 존재하고 있는지, 아니면 기피되어야만 한다는 관념으로서 존재하고 있는지 그 지향(志向)의 문제이다. 영육분리가 기대되고 있는지, 그렇지 않으면 반대로 영육일치(靈肉一致)라는 상태로 돌아가는 것이 기대되고 있는지, 전자와 후자는 그 의미가 크게 다르다.

민속학의 정설에서는 이 과제는 전자를 축으로 설명되어 왔다. 영육분리가 기대되어 이것을 완성시키기 위해 장송의례가 행해진다고 보았던 것이다. 새로운 사자(死者)는 거친 게가레(ケガレ: 불결, 더러움)에 있다. 이 때문에 장의(葬儀)만이 아니라 3회기(回忌), 7회기, 13회기, 17회기 등의 연기의례를 행하고(지역 또는 집에 따라 차이가 많다), 게다가 33회기 또는 50회기 등의 최종연기(最終年忌)의례를 행하는 것에 의해 죽은 사람의 영혼은 완전히 기요메(キヨメ: 정화)의 상태가 되어 조령(祖靈)이 된다고 한다. 이러한 정설의 기반을 만든 야나기타 구니오의 『선조이야기(先祖の話)』는 이것에 대해 "일정 세월이 지나면 조령은 개성을 잃고 융합해 하나로 된다"라고 하고, 이윽고 그 조령은 새로운 육체 안에 들어가 환생한다고 한다. 그는 이것을 '영혼의 재생'(魂の若返り)이라고 표현했다.

육체는 차용물이며, 조령으로서의 영혼이 반복하여 육체를 편력해 가는 것이다. 야나기타는 조령을 중시하면서 사후에서의 영육분리의 촉진, 그 결과로서의 조령의 환생을 설명하고 있는 것이다.

'양묘제'(兩墓制)의 영혼관에 관한 학설

이런 까닭으로 장송의례와 관련된 야나기타 민속학 및 야나기타 계통의 민속학의 묘제 연구 또한 이러한 관점에서 진행되어 왔다. 예를 들어 야나기타 계통의 민속학자들에 의해 사용되기 시작해 현재에는 타 인문과학에서도 통용되고 있는 '양묘제'(兩墓制)라 불리는 묘의 형식에 대해 고찰해 보자. 양묘제는 긴키(近畿) 지방을 중심으로 각지에 분포하고 있으나 시체를 매장하는 지점과 묘석[6]을 건립하는 지점이 공간적으로 크게 떨어져 있는 것이 특징이다. 이 경우 시체 매장지점이 아니라 시체가 없는 비석이 제사 대상으로 되는 경우가 많다.

[사진 3-1]은 미에현(三重縣) 쓰시(津市) 미스기정(美杉町) 뉴노마타(丹生俣)의 시체 매장지점이다. 시체 매장지점은 마을 변두리에 완만한 산지가 좁아지고 옆 마을에 가는 길 끝에 위치한다. 그곳에 묘석은 건립되어 있지 않다. 한편 묘석은 마을 안, 절의 경내에 있다. 그곳에는 묘석이 빼곡히 세워져 있어 누가 보아도 시체 매장이 행해졌다고는 볼 수 없는 광경이다.

이러한 '양묘제'의 전형적 사례로서 야나기타 민속학 및 야나기타계 민속학은 시체와 함께 있지 않은 묘석이야말로 진정한 묘라고 보았다. 시체와 묘석의 공간적 거리에 대해서, 즉 시체(육체)가 아닌 조령만을 중시한 영혼관이 존재한다고 생각하였다. 예컨대 야나기타의 논고 「장제의 연혁에 대해서(葬制の沿革について)」(1929)에서는, 시체 매장지점과 묘석 사이에 공간적 거리가 있는

---

6. 일본식 묘제로는 흔히 석탑(石塔)임. 비석, 석탑, 묘석 등에 해당하는 용어는 묘석으로 통일함.

[사진 3-1] 시체 매장지점
(미에현 쓰시 미스기정 뉴노마타)

묘제가 그의 고향 효고현(兵庫縣)에 있었는데, 거기서는 매장 후 3년째가 되면 '산마이'(三昧)라 불리는 시체 매장지점에는 참배하러 가지 않고, 그 후에는 1주기에 건립한 비석 쪽에만 참배하러 갔다고 한다. 이러한 그 자신의 유소년기의 체험에 의해 "우리들은 '산마이'를 묘라고 생각하지 않았다"고 진술한다. 야나기타의 고향에서는 산마이라는 시체 매장지점이 묘는 아니라고 인식되었던 것이다. 역설적인 표현이지만, 묘석에서 조령을 모시기 때문에 육체로부터 분리한 영혼을 중시한 인식이 존재해 있다고 지적하는 것이다.

야나기타 민속학은 이러한 영혼 중시의 인식이 존재하는 것을

강조하고 있으며, 이는 그의 후계 연구자들에 의해 일반화되었다. 가장 대표적인 것은 시체 매장지점을 '매장묘'(埋め墓), '참배묘'(詣り墓)라고 부른 모가미 다카요시(最上孝敬)의 『참배묘(詣り墓)』(1956)이다.

매장 후에는 중시되지 않는 시체 매장지점의 사례도 다수 수집하면서 '양묘제'란 비석, 즉 영혼만이 중시된 묘제이고 이것이 일본 묘제의 전형적인 예라고 정의를 내리고 있다. 현재에는 이렇게 이해해 온 것에 대해 이의가 있기도 하나, 교과서적으로는 영육분리의 촉진을 전제로 한 영혼 중시의 묘제야말로 일본의 전형이라는 것이 일반적일 것이다.

민속학의 함정

이러한 정설이 형성되어 온 경위를 재확인해 보면 거기에는 커다란 문제점이 감추어져 있다고 생각된다.

야나기타의 「장제의 연혁에 대해서」에서, 시체 매장지점으로서의 산마이보다 묘석을 중시하고 있었다는 것은 그의 고향 사람들의 체험이고 그들의 인식이었다는 점에 주의할 필요가 있다. 이것은 개별 사례에 지나지 않고, 이를 연구대상으로 한다면 그 자체를 1차 자료로서 분석대상에 올려야만 할 것이다. 그러나 야나기타는 자신의 체험과 인식을 분석대상으로 삼은 것이 아니라 자신의 감성 자체, 영육분리와 영혼의 중시라는 점을 묘제에 관한 학문적 결론으로 이행시켜 버린 것이다. 이른바 "난탑장(亂塔場)에서는 선조의 시체가 누워 있는 것이 사실이나, 그 성스러운 영혼은 마을에서 묘석을 세우는 제2의 묘소로부터 바다나 강의 근처를 향해 보내어지고 있다" 또는 "우리들은 고대 이집트인처럼 망령(亡靈)의 평안을 위해 그 시체의 보존을 필요로 하는 민족은 아니다"라고 언급해, 일본인은 육체가 아닌 영혼을 중시하는 민족이라고 주장한다.

일본인이 영혼과 육체를 분리해 인식하고 있다는 관념은 분석의 결과로서 도출된 것이 아니라, 야나기타 구니오라는 한 연구자의 개인적 체험과 그것을 바탕으로 그가 품고 있던 일반적 상식을 학문적 결론으로 옮겨 온 것에 지나지 않는다.

보통의 사회인뿐 아니라 연구자도 일반적 상식에 에워싸여 있다. 또한 일반적 상식은 현실의 민속사상(民俗事象)과의 사이에 상이점을 발생시킬 뿐 아니라, 현실을 리얼하게 관찰해야만 하는 연구자의 내면에도 침투하여 관찰과 분석의 관점에도 영향을 미친다. 연구자에게는 일반적 상식을 얼마나 상대화시킬 수 있는가가 중요하다. 이 영육분리론에 관해 말하자면 일반적 상식이라 할 수 있는 영육분리의 관념을 학문적 결론으로 비대화시킨 것에 종래의 민속학이 빠진 함정이 있었다고 여겨진다.

야나기타의 체험과 그에 근거한 주장이 후대의 학문에 커다란 영향을 미쳤다고 하더라도, 그의 「장제의 연혁에 대해서」(1929),

『선조이야기』(1946)가 쓰인 때로부터 지금은 60년 이상이나 지났다는 점을 고려한다면 이러한 결점을 현재까지 그대로 계승해서는 안 될 것이다. 따라서 현실의 민속사상에 맞추어 영육분리의 관념에 대해 재검증할 필요가 있는 것이다.

기피된 시체와 사령(死靈) ― 장송의례를 관찰한다

그렇다면 현실의 장송의례 및 묘제를 관찰해 보면 영혼을 중시하는 관념이 거기에 감추어져 있다는 것을 읽어 낼 수 있을까?

결론부터 말하면, 그것은 완전히 반대이다. 영육분리의 관념이 나타나는 것은 확실하나 장송의례에는 오히려 그러한 것이 없도록 하려는 지향이 강하다. 영혼과 육체와의 분리가 일어나기 때문에 오히려 영육일치를 지향하는 것 같은 의례가 행해지고 있다.

사람이 죽으면 보통 북쪽을 향해 시체를 눕히고, "마물(魔物)인 고양이가 뛰어넘는 것을 방지하기 위해"라는 이유로 시체에는 칼을 안긴다. 그리고 앞서 본 것과 같은 마쿠라메시(枕飯: 죽은 사람의 베갯머리에 바치는 사잣밥)가 놓인다. 근친자(近親者)에 의해 장의 준비가 진행되어 가는 한편, 장의의 전날에는 시체를 씻고 수의로 갈아입혀 탕관(湯灌)[7]이 행해지고 나서 시체가 입관된다.

7. 불교식 장례에서 납관(納棺) 전에 시체를 목욕시키는 일

장의는 현재에는 장례식장의 이용이 증가했으나, 집에서 행하는 경우와 절의 본당(本堂)을 이용하는 두 종류가 있다. 후자의 경우에는 출관 전에 근친자가 집에 모여 독경을 하고 나서 절의 본당에서 장의를 행한다. 출관은 현관을 이용하지 않고 툇마루부터 시작하는 것이 일반적이다. 화장이 보급된 현재에도 화장장(火葬場)에 시체를 옮기기 위하여 출관할 때도 이렇게 하는 경우가 많다. 또한 과거 토장(土葬)지역에서 화장으로 이행한 경우에는 화장하여 장의를 거행하는 순서에 두 가지 방법이 있다. 화장 이전에 장의를 행하고 나서 납골하는 유형과, 장의 이전에 화장을 마쳐 유골을 눈앞에다 두고 장의를 하는 유형이다. 출관하고 나서는 장례행렬를 만들어 묘까지 걸어가 매장(또는 납골)한다. 절에서 장의를 행하는 경우에는 절의 본당에서 장의를 행하고 매장(또는 납골)한다.

출관시의 기묘한 행동—사령을 추방한다

출관의 시점부터 살펴보기로 하자.

지금까지 거의 주목된 바가 없었지만, 출관시에는 기묘한 행위가 수반된다. 출관이 현관에서가 아니라 툇마루에서부터라는 점도 통상적인 경우와는 상이할 뿐 아니라 출관 직후에 마당에서 절구를 굴리거나, 집의 입구에서 불을 피우거나, 밥그릇을 깨는 등의 민속사상을 행하는 곳이 많다.

야마나시현 야마나시시(山梨市) 마키오카정(牧丘町) 니시부나카(西保中)에서는 툇마루에서부터 출관하는데, 대나무 등으로 '도리이'(鳥居)[8]라고 하여 임시 문을 만들고 이 문을 빠져 나간다. 이때 다다미방 등에서 나무망치[9]를 굴리거나, 나무망치가 없는 집에서는 실을 뽑기 위해 사용한 얼레 등을 굴리기도 한다. 지금도 이를 행하는 집이 많다고 한다. 그리고 과거 토장할 때는 무덤 구덩이를 파는 사람들이 관을 짊어지고(경사가 험한 곳에서는 트럭으로 운반했다고 한다), 마을 안에 있는 절까지 가 거기에 관(현재에는 화장이 보급되었으므로 유골)을 놓아두고 장의(葬儀)를 행한다. 그런 다음 절 경내의 뒤쪽에 있는 묘까지 가서 매장(현재는 납골)을 한다.

근처의 마을도 같은 모습이다. 같은 마키오카정(牧丘町) 지역의 기타바라(北原)에서도 툇마루에서부터 출관을 시작하고, 그다음에 볏짚을 두드리는 나무망치를 굴린다. 아카시바(赤芝)에서도 출관 후, 나무망치를 굴릴 뿐 아니라 다다미방을 빗자루로 쓸어낸다. 아카시바는 마을 안의 장식조(葬式組)[10]를 상(上)과 하(下) 둘로 나누어 그중 상조(上組)에서는 현재도 이를 행하고 있다. 또

---

8. 신사 입구에 세운 두 기둥의 문을 말하나, 여기서는 장례의식 때 임시로 만든 것을 말함.
9. 타작할 때 볏짚을 두드리는 나무망치.
10. 장례의식을 행하는 지역 내의 조합원.

한 아카시바에서는 미리 관솔을 만들어 두어 그 관솔을 장례행
렬을 할 때 관 위에 둔다. 이것은 매장시에 무덤구덩이에 던져 넣
는다.

시체를 집에서 내보내는 출관 직후에, 여기서 언급하고 있는
지역에서는 나무망치를 굴리거나, 빗자루로 쓸어내는 등 기묘한
행위를 수반하고 있는 것이다. 물론 모의적 행위일 뿐이지만 이
러한 것들이 출관 직후이고, 이를 위해 사용된 나무망치가 손잡
이는 있다 하더라도 원통형의 물체이며, 이러한 것이 회전(回轉)
을 의미하는 행위라는 점은 시체를 완전히 집 공간에서 내쫓으려
는 의례적 의미가 내재되어 있다고 생각할 수 있다.

이 밖에도 간토 지방에서는 절구를 굴리고, 긴키 지방에서는
밥그릇을 깨는 등의 출관시 의례를 행하는 곳이 많다. 그리고 이
러한 것이 움푹 파인 통과 같은 물건이라는 점과 이 통을 파괴하
는 행위라는 점에 주목할 필요가 있다. 이 화살통 형태라는 것은
독특한 상징적 의미를 내포하고 있다고 여겨지기 때문이다. 또
이러한 파괴적 행위로 상징되는 의례적 의미는 이 통 안의 내용
물이 기피되어 그 장소에 그것이 조금이라도 남아 있는 것이 금
기시되고 있음을 나타내 준다. 사령(死靈)이라고 할 수 있는 기피
해야만 하는 사자(死者)의 영혼이 거기에 가탁(仮託)되어 시체를
출관한 뒤, 시체와 함께 사령도 집에서 추방하기 위한 모의적 행
위가 행해지고 있는 것이라 할 수 있다.

무덤구덩이 파기와 매장

현재는 많이 줄어들기는 했으나 출관하면 장례행렬이 만들어
진다. 그리고 묘까지 가 매장(납골)이 행해진다. 무덤구덩이를 파
야 하는 토장의 경우에는 노동력이 많이 들 뿐 아니라, 구덩이 파
기를 하는 도중에 과거에 매장된 시체 유골이 나오는 경우도 있
어 그다지 하고 싶은 역할은 아니었다. 이 때문에 구덩이 파기에
순서를 정해 수첩에 당번 기록을 남겨 두는 지역도 많다.

무덤구덩이 파기 및 매장 방법은 대략 다음과 같다. 앞에서 출
관 직후의 의례를 살펴본 마키오카정의 사례이다.

니시부나카에서는 지금은 거의 화장이 중심이나, 현재도 죽은
사람의 유언에 따라 토장이 행해지는 경우가 있다. 원래는 세로
관[竪棺]이었으나, 점차 시신을 누인 상태로 넣는 가로 관[橫棺]
으로 바뀌었다고 한다. 세로 관의 무덤구덩이는 넓은 면적을 필
요로 하지는 않으나, 깊이 파야만 해서 약 2m까지를 파는 경우도
있었다. 무덤구덩이를 파는 사람은 약 4명으로 출관 후 장례행렬
에서 앞에 두 사람과 뒤에 두 사람이 관을 짊어지고, 이들이 매장
후 묘의 완성까지 책임진다.

아카시바에서는 현재도 토장이 많이 행해지고 있으나, 인구가
점차 줄어들어 노인들에게 관을 들게 하는 것이 대단한 부담이
되며, 젊은이들도 힘에 부쳐 관을 짊어지는 것을 잘 못하기 때문
에 화장이 서서히 늘어나는 추세이다. 게다가 겨울에 눈이 오면

묘지까지 가는 길이 급한 경사면으로 관의 중량 때문에 얼어붙은 길을 잘 걸을 수 없으므로 이 또한 토장에서 화장으로 이행하는 한 요인이 되었다고 한다. 그렇다 하더라도 지금까지 관을 길바닥에 떨어트린 일은 없었다고는 한다.

아카시바에서는 장식조가 상조[上組]와 하조[下組]로 나뉘어 있기 때문에, 가령 상조의 장의 때에는 하조에서, 하조의 장의 때에는 상조에서 무덤구덩이를 파는 사람이 나오게 된다. 무덤구덩이를 파는 것은 장례 당일 오전으로 장의 시각은 대체로 오후 1시부터로 정해져 있기 때문에 그때까지는 마쳐야만 한다. 구덩이를 파는 도구인 괭이, 삽 등은 반드시 상가(喪家)가 내어 주는 것으로 되어 있다. 아카시바의 경우, 좁은 묘역을 반복해서 파기 때문에 구덩이를 파다 보면 상당수의 유골이 나온다. 이 때문에 술이라도 마시지 않으면 하기 힘들다고들 한다.

매장 방법은 다음과 같다.

관에 네 개의 밧줄을 걸쳐 이것을 당기면서 조심스럽게 무덤구덩이에 떨어트린다. 그리고 처음에는 상주와 친인척 등이, 상조의 경우는 작은 돌을 무덤구덩이에 던져 넣으며, 하조의 경우는 발로 흙덩이를 차 넣는다. 그런 다음 무덤구덩이를 판 사람이 흙을 채워 넣어 간다. 흙을 넣고 다지는 방식에도 단순히 듬뿍 메우는 것이 아니라, 우선 상주와 친인척 등이 시체의 다리 부위부터 흙을 덮고, 상주와 친인척이 그 자리를 떠난 다음에 시체의 얼굴 및 머리 부위에 흙을 덮어 가는 순서이다.

매장의 최초 단계에서 무덤구덩이에 작은 돌이나 흙덩이를 던져 넣는 민속사상은 이곳 외에도 일반적일 만큼 많다. 또한 타 지역에서는 무덤구덩이를 파고 매장 이전의 빈 구덩이, 빈 통과 같은 상태의 무덤구덩이 부근에서 불을 피우거나 나뭇가지로 뚜껑을 만들어 두는 등의 민속사상도 있다.

한편 여러 지역의 무덤구덩이 파기 이야기를 들어 보면 우스개이야기도 많다. 구덩이 파기 담당에게는 상가에서 술과 식사가 보내어지므로 먹고 마시면서 이 중요한 일을 행하게 된다. 그런데 이전에 매장한 유골이 나올 것 같은 곳을 젊은이에게 시켰는데(정말 하기 싫었다고 말하는 사람도 있었다), 과음으로 그 자리에 뻗어 버린 사람도 있었다고 한다. 또 무덤구덩이를 파고 있으면 술병이 발견되는 우스개이야기도 있다. 이전 매장 때에 구덩이를 파던 사람이 마시던 것을 그냥 묻어 버린 것이었다. 마개로 막혀 있기 때문에 내용물에는 문제가 없다고 하여 취한 상태에서 그냥 마셔 버렸다고 한다.

장례행렬의 회전

출관 시점으로 돌아가 보자. 출관하면 묘까지 장례행렬을 만든다. 도중에 절에서 장의를 행하는 경우는 장의를 마친 후 묘까지 이동하여 매장을 한다.

[사진 3-2] 장례행렬
(야마나시현 미나미코마군 난부정 나루시마)

　　다음은 야마나시현 미나미코마군(南巨摩郡) 난부정(南部町) 나루시마(成島)의 장례행렬의 모습이다. 나루시마에서는 장의가 대체로 오후 1시부터로 정해져 있기 때문에 이날 오전 중에 화장을 마치면 유골은 일단 집으로 모셔 온다. 오후 1시부터 집에서 승려가 독경을 하고, 묘법강(妙法講)[11]이라고 하는 노인들의 모임(講)에서 경을 읊는다. 일련종(日蓮宗)의 본산 구원사(久遠寺)가 북린(北隣)의 신연정(身延町)에 있기 때문이어서인지 여기는 일련종이 많은 지역이므로, 독경으로는 '나무묘법연화경'(南無妙法蓮華經)을 외운다. 집에서 독경이 끝나면 장례행렬을 만들어 절까지 걸

---

11. '講'이란 경전을 듣거나 신불(神佛)에 참배하는 모임. 또는 계와 같은 상호부조 조직의 의미도 있음.

어간다. [사진 3-2]는 이 장례행렬의 선두 부분의 모습이다. 선두부터 죽순대의 끝에 붙인 '하나카고'(花籠: 꽃바구니)와 모형 용머리를 든 사람들, 승려, 노인들의 모임인 묘법강의 사람들, 위패·밥상·고인의 사진이나 초상화를 든 가족과 친족, 그 밖의 참렬자(參列者)의 순서로 이어진다. 참렬자들은 절까지 경을 외우면서 걸어간다.

선두의 '하나카고'와 용머리를 붙인 바구니부터 절 경내에 들어간다. 여기에서는 [사진 3-3]과 같이 이 꽃바구니와 용머리를 중앙에 세우고 시계 방향으로 세 바퀴(실제는 두 바퀴 반)를 돈다. 이것이 끝나면 절의 본당에 올라가 장의를 시작한다.

장의가 시작되면 선두의 '하나카고'와 용머리를 가진 사람들만이 묘에 간다. 그리고 술을 가볍게 마시면서 납골의 준비를 시작

[사진 3-3] 절 경내에서 돈다.

[사진 3-4] '가로우토'(カロウト)에의 납골
(야마나시현 미나미코마군 난부정 나루시마)

한다. '하나카고'는 묘에 세우고, 용머리는 절에 돌려보낸다. 과거 토장을 했을 때는, 용머리가 붙어 있던 대나무는 중간 마디를 도려내어 '죽은 사람이 되돌아 왔을 때의 기분 전환'이라고 하여 지면에 꽂아 두었다. 이윽고 절 본당에서 장의가 끝나면 가족, 친족 등이 묘까지 이동해 [사진 3-4]와 같이 묘석 아래에 설치된 납골 공간인 가로우토(カロウト)에 납골된다. 그리고 승려의 독경이 행해지는 가운데 가족, 친족들이 차례로 분향한다.

시체에 사령 부착

출관한 다음 시체(유골)를 묘까지 이동시키는 장례행렬, 이것은 단순히 시체를 이동시키는 의미만을 지니는 것일까? 장례행렬은 왜 일부러 세 바퀴를 도는 것일까? 지금 여기서 소개한 것은 하나의 사례에 지나지 않으나 장례행렬에서 '하나카고', '용의 머리' 등을 세워 그 주위를 도는 민속사상은 각지에 많이 존재한다. 단순한 시체의 물리적 이동이라면 이러한 행위는 필요 없는 것이고, 여기에도 무언가 의례적 의미가 내재해 있을 것으로 보인다. 회전수는 세 바퀴나 두 바퀴 반이 많다. '하나카고', 용머리를 붙인 바구니를 가운데 세우고 그 주위를 회전하는 구도이다.

그렇다면 왜 장례행렬은 회전하는 것일까?

일본의 민속사상에는 회전이 많다. 앞의 제1장에서 시즈오카현 가모군 미다카의 오본 때, 발동기선에 이끌려 항내를 세 바퀴 돌고 바다에 떠내려 보내는 '무기카라 배'[12]의 사례를 소개했으나 이것도 그 한 예이다. 이 외에도 민속 예능에서 춤은 회전하는 민속사상의 전형적인 예로 볼 수 있을 것이다. 아이치현 미카와(三河) 지방 산간부에서 전승되고 있는 민속 예능인 하나마쓰리(花祭)는 각 연기 종목마다 여닫이 문 중앙에 쌓아 올린 아궁이의 주위를 회전하면서 춤을 춘다. 특히 그중에서도 '이치노마이'(市の舞)로 불리는 젊은이가 연기자로 나서는 경우가 많아 역동감 넘치는 춤에 관해서는, 거기에 빙의(憑依) 현상이 수반된다는 것이 하야카와 고타로(早川孝太郎)의 『하나마쓰리』 전편(1930)에 이미

12. 제1장 [사진 1-9] 참조.

지적된 바 있다. 또한 어린아이의 세계에 민간신앙이 잔존해 있다는 것을 소개하는 관점에 의한 어린이 놀이에 대한 해석도 있다. 어린아이의 놀이 중에 눈을 가리고 쪼그리고 앉아 있는 술래 주위를 여러 명이 에워싸고 노래하며 돌다가, 노래가 끝나 멈춰서면 술래가 자기 등 뒤의 사람을 알아맞히게 하는 놀이인 '가고메카고메'(かごめかごめ)에 대해서도, 거기에 보이는 회전과 지명이 중앙의 아이에의 빙의 현상을 가리키는 것이라는 가설이 야나기타 구니오의 「어린아이의 소리(小さき者の聲)」(1924)에서도 제시된 바 있다.

또한 다음과 같은 사례도 있다.

사이타마현(埼玉縣) 지치부군(秩父郡) 오가노정(小鹿野町) 가미이다(上飯田)에서는 매년 12월 15일, '우지가미'(氏神)[13] 하치만 신사(八幡神社)에서 철포제(鐵砲祭)라고 불리는 마쓰리(祭)가 행해진다(현재에는 12월 둘째 주 일요일에 하는 경우가 많다). 행사 당일은 오후 4시부터 마쓰리가 시작된다. 떠난다는 의미의 '오타치'(御立ち)라고 하여 신사 경내의 계단 양측에 철포(鐵砲)를 가진 사람들이 줄지어 서서 공포를 쏘는 가운데, [사진 3-5]와 같이 다카하리(高張), 도리게(鳥毛), 오카치(御徒士), 고진바(御神馬)의 순서로 경내의 계단을 걸어 올라간다. 다 오르면 신전(社殿)의 주위를 달리면서 세 바퀴를 돈다. 그리고 각각 정렬한 뒤, 일단 신전을 어

13. 자기 고장의 수호신

[사진 3-5] 철포제(鐵砲祭)

[사진 3-6] 미코시(御輿)의 행차

[사진 3-7] 신전 주위를 세 바퀴 돈다.
(사이타마현 지치부군 오가노정 가미이다)

둡게 한 후 미코시(神輿)[14]에 신체(神體)를 옮긴 다음 [사진 3-6]과 같이 가와세(川瀨)라고 불리는 미코시의 행차가 거행된다. 이때는 겨울이기 때문에 이미 사방이 깜깜하다. 미코시는 하치만 신사의 원궁(현재도 돌로 만든 조그만 사당이 있다)이 있었다고 전승되는 마을의 서쪽 끝을 흐르는 아카히라천(赤平川)의 하치만부치(八幡淵)로 가, 거기에서 신관이 축문을 올린 뒤 신전으로 돌아간다. 참배도(參拜道)까지 돌아오면 다시 '오타치' 때와 마찬가지로 신전 앞의 계단으로 올라와(이때는 철포의 공포는 쏘지 않는다), [사진 3-7]과 같이 신전의 주위를 세 바퀴 돈다. 그리고 미코시의 신체를 신전에 돌리는 것으로 마쓰리는 끝이 난다.

시계 방향으로 세 바퀴 회전하는 민속사상이 죽은 사람의 영혼을 위한 장례행렬에서뿐만 아니라, 마쓰리 및 민속예능처럼 신을 둘러싼 경우에도 행해지는 것으로 미루어, 이러한 행위에 공통된 특정한 의례적 의미가 존재한다는 것을 가정할 수 있다. 이 전제 하에 하나의 가설을 언급하자면, '하나마쓰리'의 '이치노마이' 및 '가고메카고메'에서도 볼 수 있었던 빙의 현상과 같이 그 장소에 있는 인간에게 영혼 또는 신이 다가와 붙게 한다는 것이 중요할 것이다. 영혼 또는 신을 그곳에서 유리시키는 것이 아니라 부착시키고 있다. 따라서 장례행렬에서의 회전은 시체를 묘로 옮겨 가는 경계적 공간 및 시간에, 시체와 함께 있어야만 하는 사령을

14. 제례 때 신위 등을 싣는 가마.

유리시키지 않고 시체에 부착시키려는 것을 재확인하는 의례로
판단할 수 있을 것이다.

장식조(葬式組)의 역할

앞서 소개한 나루시마의 장례행렬에서, '하나카고'와 모형 용
머리를 든 사람들의 존재를 소개했다. 우선 [사진 3-2], [사진 3-3],
[사진 3-4]에 보이는 복장에 주목해 보자. 가족과 친족뿐 아니라
묘법강의 사람들도 상복을 입고 있으나, '고나카마'(講仲間)만이
평상복 또는 작업복 차림이다.

그렇다면 이 '고나카마'는 어떠한 사람들일까?

가족, 친족은 장의시의 주역이므로 장의의 진행이나 준비 역할
을 행하기 힘들다. 이 때문에 어느 지역에서든지 인근의 조직이
장의의 진행 및 준비 역할을 맡는 것이 보통이다. 장례의식에 관
한 여러 가지 준비에서부터 부고의 연락, 술안주의 조리 등에 이
르기까지 인근의 조직이 맡게 된다. 일본 민속학에서는 이러한
장의시의 상호부조 조직을 흔히 장식조(葬式組)라는 용어로 일컫
는다. 대체로 조(組), 반(班) 등 인근 조직과 중복되는 경우가 많으
나 일치하지 않는 경우도 있다. 지금 여기에 소개하는 '고나카마'
는 이 장식조를 구성하는 일부이다.

여기 나루시마라는 마을은 면적도 넓고 가구 수도 많다. 이 때

문에 마을 안은 나카무라(中村), 가마노구치(釜の口), 곤겐지마(權現島), 하쿠산토(白山島), 고쇼지마(御所島), 다케노하나(竹の花) 등의 작은 마을로 나뉘어 있다. 나카무라의 예를 들어 '고나카마'의 구체적 내용을 소개해 보기로 하자.

나카무라는 세부적으로 상조(上組), 중조(中組), 하조(下組)의 3조로 나뉘어 있고, 가령 하조에서 장의가 있을 경우는 중조의 모든 집이 장의의 전 일정을 통해 전반적인 일을 거들게 된다. 그리고 상조의 모든 집에는 '고나카마'의 역할이 주어지는데, 파발꾼〔飛脚〕이라 하여 장의 전날의 장거리 연락, 장의 당일의 무덤구덩이 파기와 매장 등 한정된 역할이기는 하나 장의에서 중요한 역할을 담당한다. 파발꾼의 역할은 현재는 전화로 해결할 수 있고, 무덤구덩이 파기와 매장도 화장이 보급됨에 따라 일의 부담이 대폭 감소되었다고 한다. 그러나 여기에서 본 것처럼 '고나카마'로서의 일은 아직도 계속 이어지고 있다.

파발꾼은 과거에는 2인 1조로 걷거나 자전거를 타고 지시 받은 상주의 친척 등의 집에 연락하기 위해 방문한다. 파발꾼은 반드시 호화로운 식사를 대접 받게 되어 있고, 이러한 불문율이 있다는 것으로 미루어 보면 이 파발꾼에게도 특정한 의례적 의미가 있음을 인정할 수 있을 것이다.

게다가 이러한 장식조의 계약이 있다 하더라도, 현실적으로는 친척, 인척관계, 동족단, 오야분(親分)·고분(子分) 관계 등이 밀접하게 얽혀 있으며, 인근 조직으로서 '고나카마'는 이러한 다른 여러 집단과의 결합원리에 의해 장의에서 그 역할이 결정된다. 여기 나루시마에서는 소위 의제적(擬制的) 친자(親子)관계를 맺는 경우가 많았으나, 양부모의 장의에는 자식이 반드시 부조를 해야만 했다. 따라서 장의시에는 단순히 죽은 사람 개인만이 아니라 그 집을 둘러싼 지연, 혈연, 또는 양쪽이 뒤섞인 결합원리를 드러내며 이러한 관계 속에서 비로소 장의가 집행되는 것이었다. 화재와 장의 때 이외에는 교류하지 않는다고 말해지는 이른바 '무라하치부'(村八分)[15]의 의미도 여기에 있다. 일상생활은 '무라하치부' 취급을 당해도 어떻게든 살아갈 수 있으나 장의만큼은 그렇지 않았다.

이처럼 장의 때는 인간관계, 집과 집의 관계가 드러나 어딘가 뒤숭숭하다. 또한 많은 사람이 찾아와 여러 가지 준비를 하므로 물리적으로도 소란스럽다. 어렸을 때 겪은 장의의 경험에 대해 많은 사람들이 와서 큰 소동을 벌인 것으로 기억하고 있는 사람이 많은 것도 바로 이 때문일 것이다.

유체이탈(幽體離脫)의 이야기

나루시마 부근의 한 마을에서 이러한 이야기를 들었다.

15. 일종의 동네 따돌림. 마을 법도를 어긴 사람에 대하여 마을 사람 전체가 그 집과의 왕래를 끊는 일

오쓰야(お通夜)[16] 직전에 돌연 되살아난 할머니가 있었다. 시체의 옆에서 조합(組合) 사람이 장의 도구를 만들고 있을 때, 얼굴에 씌워둔 삼베가 움직이며 되살아난 것이다. 도구를 사용해 무엇인가 잘랐다가 벴다가 하는 소란한 소리를 내는 바람에 할머니가 정신이 들었다고 한다.

할머니가 내뱉은 첫 번째 소리는 "내가 왜 여기에 있지?"였다. 그리고 "오색구름이 떠다니는 아름다운 곳을 보았다"라고 말했다는 것이다. 이 할머니는 이른바 임사체험(臨死體驗)을 한 것으로 볼 수 있다. 또는 정신의학적으로 말한다면 꿈을 꾸고 있었던 것에 지나지 않을지도 모른다.

또 간토 지방의 어느 곳에서 평생 함께 살던 남편과 사별한 어느 할머니에게서 다음과 같은 상담을 받은 적이 있다. 그 할머니는 대단히 당황하고 있는 기색이 역력했다.

내 등 뒤에는 항상 남편의 영(靈)이 붙어 있어요. 그것만이라면 괜찮겠지만, 남편이 저를 데리고 이 마을의 하늘을 나는 것이에요. 몇 번이고 그런 일이 있었어요. 왜 그런지는 모르겠지만, 남편이 저를 데리고 마을 위를 날아 하늘 위에서 이 마을을 내려다보는 일이 자주 있었어요.

16. 장의를 하기 전날 밤 상가에서 가족, 친족, 지인 등이 시체 옆에서 밤샘하는 일

이 이야기를 하고 있는 동안 내내 그 할머니는 대단히 심각한 표정이었다. 남편의 죽음을 계기로 이른바 유체이탈의 체험을 하고 있다. 이것 또한 정신의학적으로 말하면 어떻게 설명할 수 있을지 모르겠으나, 죽은 남편의 영혼이 아직 살아 있는 부인의 영혼을 유리시켜 공중으로 산보를 나가고 있는 것이다.

여기 제2장의 초반부에서 소개한 임종시의 이야기도 그러하나, 영혼이라고 하는 것은 유리하기 쉽다고 인식되어 왔다. 그러나 그 임종시 이야기는 조금 음산한 괴담으로 들려지고, 또한 이 유체이탈 체험을 이야기해 준 여성도 그 상태를 오히려 두려워하고 있다. 일본 사회에는 영혼이 육체로부터 분리되기 쉽다는 인식이 확실히 존재하고 있다. 그러나 이 유체이탈 인식은 사회적 환영을 받는 것이 아니다. 반대로 이것은 두려운 것으로 기피되어 영혼과 육체가 일체화될 것이 요구된다.

시체(유골)와 매장(납골)까지를 행하는 장의도 마찬가지이다. 시체는 묘까지 운반해야만 한다. 이 이동이 행해지는 도중에도 시체와 함께 있어야만 하는 사령이 분리되는 것은 환영 받을 일이 아닌 것이다. 요컨대 사령은 시체에 부착해 있지 않으면 안 되었던 것이다. 그리고 시체가 묘에 매장된 후에도 이러한 상태는 계속 요구된다. 다음은 이렇게 시체가 매장된 후의 묘에 대해서 확인해 보기로 하겠다.

4
매장과 묘석 건립 사이

집의 묘와 공동묘지

현재 '오하카'(お墓)라고 하면 보통 영원묘지(靈園墓地)[17]를 떠올리는 사람이 많을 것이다. 게다가 영원묘지라고 해도 그 형식은 도(都)에서 운영하는 조시가야영원(雜司ヶ谷靈園)이나 아오야마영원(靑山靈園) 등 공영(公營)에서부터 기업적 경영에 의한 것까지 운영방식은 여러 가지이고, 또한 절 경내 묘지라고 해도 묘

---

17. 공원식으로 꾸민 공동묘지.

[사진 4-1] 밭 안에 있는 묘
(사이타마현 지치부군 오가노정 산야마시모고)

역의 정비 등은 사실상 영원묘지로 되어 있는 경우도 많다. 그리고 이러한 영원묘지가 보급된 탓인지 오하카라고 하면 공동묘지라는 인식이 일반적이기까지 하다.

그러나 현실은 과연 그러할까?

가령 간토 지방부터 주부(中部) 지방은 공동묘지가 아니라, 자가(自家) 소유의 논밭 및 채소밭 등의 한 구획에 묘역을 두는 경우가 적지 않다. [사진 4-1]의 사이타마현 지치부군 오가노정 산야마시모고(三山下鄕)가 그러한 예이다.

대개는 자기 집터로부터 이어지는 토지에 묘역을 설치하는 경우가 많아 집터 앞이나 뒤쪽에 묘가 놓이게 된다. 게다가 이러한

[사진 4-2] 집터 안에 있는 묘(屋敷墓)
(시즈오카현 시다군 오카베정 다마토리)

집집의 묘는 심한 경우에는 [사진 4-2]의 시즈오카현 시다군(志太
郡) 오카베정(岡部町) 다마토리(玉取)와 같이 집과 딱 붙어 설치되
는 일도 있다. 이 경우는 집터를 둘러싼 울타리의 바깥쪽이기는
하나 묘역이 가옥에 바로 가까이에 있는 것이다. 이러한 집터 부
근의 묘는 야시키하카(屋敷墓[18])라 불리며, 이 경우 보통 기피되어
야만 하는 묘가 일상의 생활세계와 근접해 있다. 게다가 최근에
는 이러한 '야시키하카'가 있는 지역에서도, 공동묘지가 일반화
됨에 따라 옛날부터 있었던 이러한 묘와 최근의 공동묘지에 두

18. '屋敷'는 집터라는 뜻.

곳의 묘를 가지는 경우가 생기기도 하였다. 제4장에서 상세히 언급할 예정이지만, 전사자의 묘역이 따로 있는 경우에는, 이러한 것에 더해 한 집이 세 곳에 묘역을 가지게 되는 것이다.

한편 긴키 지방은 원래부터 마을마다, 또는 여러 마을이 공동으로 묘역을 가지는 것이 일반적이었다. 게다가 공동묘지라고 해도 내부가 각 집의 구획이 확실한 곳과, 그렇지 않고 아직 사용되지 않은 공간, 또는 세월이 많이 지나 기존에 사용된 공간을 자유롭게 사용할 수 있는 곳도 있다. 앞서 시체를 매장하는 장소와 오하카로서 묘석을 건립하는 장소가 공간적으로 크게 떨어져 있는 '양묘제'(兩墓制)를 소개했으나, 특히 긴키 지방의 양묘제에서는 묘역을 자유롭게 이용하는 경우가 많았다. 현재의 영원묘지의 관점에서 보면 공동묘지의 안을 구획하고 집집마다 묘역을 만드는 것이 일반적 상식이라 할 수 있으나, 과거에는 공동묘지라도 반드시 그러한 형식을 취하지는 않았다.

조상 대대의 묘

또한 현재 오하카라고 하면 영원묘지와 함께 'ㅇㅇ가(家) 조상 대대의 묘(墓)' 'ㅇㅇ가(家)의 묘(墓)'로 새겨진 묘석을 떠올리는 사람이 많을 것이다. 각주형(角柱型)의 묘석 하부에 '가로우토'(カロ ウト)라고 불리는 납골 공간이 마련되어 있다. [사진 4-3]은 장의 직

후에 이 가로우토에 납골을
방금 마친 조상 대대 묘의
모습이다.

　최근 영원묘지에서는 [사
진 4-4]와 같이 가명(家名)
및 개인명을 새기지 않는
비석도 보이기는 하나, 이
것이 극히 소수임은 말할
필요도 없다. 오하카라고
하면 조상 대대의 묘라는
것이 일반적 상식이다.

[사진 4-3] 납골 직후의 묘석
(시즈오카현 시즈오카시 스루가구
시모가와하라)

　그러나 조상 대대의 묘
의 보급은 그리 오래된 것이 아니다. 현재까지 이어지는 묘석은
근세의 시기에 생겨난 것으로 묘역이 집집마다 있다고 하더라도,
묘석의 형태는 집을 단위로 하기보다는 개인을 단위로 하는 것이
었다. 게다가 생전의 개인명이 아니라 'ООО居士' 'ООО大姉'
등의 불교식 계명(戒名)을 묘석의 전면에 새기는 것이 일반적이
었다(부부 묘의 경우는 부부의 계명을 새긴 것도 있다). 따라서 집집
마다 묘역을 가지는 경우는 개인의 계명을 새긴 비석이 그 묘역
에 빼곡히 세워진 것으로, 이것은 조상 대대 묘 발생 이전의 오하
카인 것이다. 이것이 점차 변하여 근세 후기부터 막부(幕府) 말기
에 걸쳐 소수이기는 하나 현재 조상 대대 묘의 선구적 형태를 보

[사진 4-4] '和'가 새겨져 있는 묘석
(도쿄도 도시마구 미나미이케부쿠로 都蠻조시가야 영원)

이게 되며, 근·현대사회에 서서히 보급된 것이다. 특히 1960년대부터 1970년대 이후에 화장지역을 정비한 행정력에 힘입어 조상 대대의 묘가 납골을 위한 가로우토식으로 일반화되면서 현재의 조상 대대의 묘라고 하면 거의 이 가로우토식 묘석을 연상하게 된 것이다.

조상 대대 묘의 원형

그렇다면 조상 대대 묘에의 제사는 어떻게 행해져 왔던 것일까? 오본의 성묘를 예로 들어 살펴보기로 하자.

[사진 4-5] 근세의 조상 대대의 묘
(니가타현 나가오카시 오쿠니정 홋세)

[사진 4-5]는 필시 가장 빠른 시기의 조상 대대의 묘로 판단되는, 니가타현(新潟縣) 나가오카시(長岡市) 오쿠니정(小國町) 홋세(法末)의 어느 구가(舊家)에서 본 조상 대대의 묘석이다. 이 묘석은 이 집 묘역의 중심에 위치해 있고, 간세이(寬政) 4년(1792)의 명(銘)이 새겨져 있다. '○○가(家) 선조대(代) ▯ 영탑(靈塔)'(○○는 家名, ▯는 판단 불가능 부분)이라고 새겨져 있는데, 이 집에서는 이것을 '조상의 묘'로 부르고 있다. 묘(墓)가 아니라 탑(塔)으로 새겨져 있기 때문에 이 집의 공양탑(供養塔)일 가능성도 있으나, 여기에는 이 집 남성의 유골이 모셔져 있다고 한다. 여성은 같은 묘역의 다른 묘석에 납골되어 있다. 이 마을에서는 현재와 같은 화장이 보급되기 이전부터 묘역에 인접한 장소에 '오야키바(大燒場)

[사진 4-6] 수영을 베어 낸다.

[사진 4-7] 성묘 준비

[사진 4-8] '오본'의 성묘 모습
(니가타현 나가오카시 오쿠니정 홋세)

라고 하는 화장장을 설치해 화장을 행하고, 거기에서 화장된 유골을 매장하고 있다. 또한 '조상의 묘'라고 하는 묘석 옆에는 큰 삼나무가 높이 솟아 있어 멀리서도 알 수 있을 정도이다.

이 마을에서는 8월 12일까지 오본 성묘를 위해 묘의 청소 등을 준비한다. 묘까지 가는 길에는 수영[19]이 자라 있기 때문에 이것을 [사진 4-6]처럼 베어 내고, 묘에 도착하면 이 집 모두의 묘석 앞에 수영을 깔아 두고 선향(線香)을 피운다. [사진 4-7]과 같이 갈대로 만든 받침대를 세워 준비한다. 그리고 13일 저녁, [사진 4-8]과 같이 팥떡을 이 받침대 위에 올리고, 선향과 양초를 피운다. 그러고 나서 '조상의 묘'에 성묘를 한다.

다음으로 조상 대대의 묘와는 다르나, 이들과의 관계를 추정할 수 있는 예를 살펴보자.

[사진 4-9]는 시즈오카현 후지군(富士郡) 시바카와정(芝川町) 가미이나코지구(上稻子地區) 이케노야(池の谷)에서 큰집으로 불리는 집에서 행하는 오본의 성묘 모습이다. 미리 청소를 하고 오본에 바치는 꽃으로 마타리꽃을 세우고 있다. 8월 13일 저녁, 마을 뒤편에 있는 묘에 가 선향을 피운다. 왼편의 묘석 세 개는 모두 부부 묘의 묘석이다.

그런 다음 큰집의 아버지는 [사진 4-10]과 같이 '조상 묘'라고 하는 묘석에서 성묘를 한다. 이 '조상 묘'에는 특별히 글자가 새

---

19. 야생하는 여뀟과의 다년초.

[사진 4-9] '오본'의 성묘 모습
(시즈오카현 후지군 시바카와정 가미이나코지구 이케노야)

겨져 있지 않다.

이 마을은 인구가 많이 줄어들어 현재 아홉 채밖에 남아 있지 않으나, 마을 안의 모든 집이 동일한 성으로 구성되어 있고, 큰집으로부터 분가된 것이 많다. 묘역은 마을 뒤편에 두 곳이 있다. 하나는 관음당(觀音堂)이 있는 곳으로 6개의 묘가 있으며, 큰집의 묘도 이곳에 있다. 또 하나는 마을의 북동쪽에 있다. 5개의 묘가 있으며, '조상 묘'도 여기에 있다. 따라서 큰집의 묘역은 조상 묘가 있는 묘역과는 다르나, 지금 본 것처럼 큰집의 주인은 처음에 자기 집의 묘역에서 가족과 함께 오본의 성묘를 행한다. 그런 후에 조상 묘가 있는 곳으로 가 거기에서 성묘를 행하고 있다.

즉, 이곳에서는 자기 집의 묘석과는 별도로, 자기 집을 포함하

는 동족단 전체를 위한 조
상의 묘석을 설치해 거기에
서도 제사를 행하고 있는
것이다. 묘석의 형성에 대
해서는 후술하겠으나, 이러
한 사례로부터 현재 일반적
으로 보이며 오하카로 인식
되는 조상 대대 묘의 원형
을 다음과 같이 이해할 수
있을 것이다.

조상 대대 묘의 원형은
시체를 제사하는 묘가 아
니라, 그 집 또는 동족단을

[사진 4-10] '조상 묘'에 성묘하는 모습
(시즈오카현 후지군 시바카와정
가미이나코지구 이케노야)

위한 공양탑이었던 것은 아닐까 하는 것이다. 본가 큰집의 묘가
있는 묘역과 그들의 조상 묘가 있는 묘역이 다르다. 조상 묘 쪽에
는 무엇보다 중시해야만 하는 본가 큰집의 묘역은 없다.

조상 대대 묘의 원형은 시체 제사를 위한 묘가 아니라, 집을 위
한 또는 동족단을 위한 공양탑이었다는 것, 이러한 가설을 전제
로 하면서 다음으로는 시체 매장과 이러한 묘석 건립의 관계를
분석해 가기로 하겠다.

시체의 매장은 묘석의 아래가 아니다

토장지역 묘제의 현실은 다음과 같은 것이다. [사진 4-11]은 야마나시현 니시야쓰시로군(西八代郡) 이치카와미사토정(市川三鄕町) 벳쇼(別所)의 묘이다. 사진으로 볼 때 좌측에 시체가 매장되어 있고, 우측에 묘석이 있다. 시체가 매장되어 있는 좌측은 거의 정비가 안 된 채로 있고, 묘석과의 사이에는 작은 통로가 있다.

[사진 4-12]는 야마나시현 호쿠토시(北杜市) 아케노정(明野町) 나카고미(中込)의 묘이다. 묘석과 묘석 사이에 봉분을 한 무덤(土饅頭)이 있는 것을 확인할 수 있다. 이 사진에서 일목요연하게 알 수 있듯이, 시체가 매장된 무덤 위에 묘석은 건립되어 있지 않다.

[사진 4-11] 시체 매장지점과 묘석
(야마나시현 니시야쓰시로군 이치카와미사토정 벳쇼)

[사진 4-12] 시체 매장지점과 묘석
(야마나시현 호쿠토시 아케노정 나카고미)

　현재의 가로우토식 묘석의 영향도 있어 시체 매장지점 위에 묘
석이 건립되어 온 것과 같은 일반적 상식, 고정관념이 있으나 현
실은 그렇지 않았다. 또 이것들은 양묘제와 같이 시체 매장지점
과 묘석 건립지점이 공간적으로 크게 떨어져 있지도 않았다. 일
본민속학의 용어로서는 '단묘제'(單墓制)로 불리어, 시체가 매장
된 장소와 묘석이 건립된 장소가 일치해 있다고 판단되어 온 묘
제이다. 하지만 이러한 단묘제조차도 시체 매장지점과 묘석 건립
지점 사이에는 미묘한 공간 차가 있었던 것이다.

　토장에서는 시체 매장지점과 묘석 건립지점이 공간적으로 떨
어져 있어, 묘석의 아래에는 시체가 매장되지 않는다. 그러나 성
묘는 보통 묘석에 대하여 행한다. 작은 공간 차이이기는 하지만

[사진 4-13] 시체 매장지점과 묘석
　　　　　(군마현 다노군 오에노촌 옷치)

현실적으로는, 시체가 그 아래에 매장되어 있지 않음에도 성묘는
그 아래에 시체가 존재하지 않는 석제(石製)의 묘석에서 행해지
고 있는 것이다.

　이처럼 시체 매장지점 위에 묘석이 건립되지 않는 사실은 한
번 파낸 장소는 지반이 약해지기 때문에 중량이 꽤 나가는 묘석
을 놓기가 힘들다는 물리적 문제도 있으나, 단순히 그뿐만이 아
니라 시체 매장지점 위에 [사진 4-13]의 군마현(群馬縣) 다노군(多
野郡) 우에노촌(上野村) 옷치(乙父)와 같이 묘상시설(墓上施設)이
설치되는 것이 일반적이었다. 매장 직후에 장식조 사람들에 의해,
장례행렬과 함께 운반되는 장의 용품을 중심으로 시체 매장지점
위에 묘상시설이 설치된다. 매장 직후 그곳에 묘석이 없는 것은

[사진 4-14] 시체 매장지점과 묘석
(후쿠시마현 다무라시 후네히키정 호리코시)

당연하며, 이미 건립되어 있는 묘석 사이에 매장된다.

　이러한 현실을 한 가지 더 살펴보기로 하자. 후쿠시마현(福島縣) 다무라시(田村市) 후네히키정(船引町) 호리코시(堀越)의 묘역에는, [사진 4-14]와 같이 이 지역에서 '호토케보'(佛棒)라 하는 밤나무의 '도바'(塔婆)[20]가 난립한 무덤이 늘어서 있으며, 주위에 묘석이 점점이 흩어져 있다. 시체 매장지점 위에 묘석은 건립되어 있지 않고, 무덤과 무덤 사이에 조상 대대의 묘가 점점이 흩어져 있는 구도이다.

20.　추선공양을 위하여 무덤 위에 세우는 좁고 긴 나무판자.

묘석은 시간을 두고 건립된다

그리고 이러한 시체 매장지점과 묘석 건립지점과의 분리는 공간만이 아니다. 가로우토식 비석이 일반화된 지금은 유골의 납골 시에는 이미 묘석이 건립되어 있는 경우가 많기 때문에 시체 매장과 묘석 건립이 시간적으로도 동시라고 생각하기 쉽다. 그러나 현실은 그렇지 않았다. 묘석은 빨라야 1주기(週忌), 3회기(回忌) 또는 7회기 등의 연기공양(年忌供養) 때 건립하는 것이 일반적이다. 즉, 시체 매장부터 시간을 두고 묘석이 건립된다.

또한 시체 매장이 끝나고 난 뒤, 경제적 사정이라는 설명을 듣는 경우가 많으나, 묘석을 세우지 않는 채로 두는 경우도 있다. 이 경우는 시체가 매장된 뒤, 그것으로 묘의 운영이 끝나 버리는 것이다.

시체 매장지점과 묘석 건립지점과의 사이에는 공간차뿐 아니라 시간차도 존재했다. 현재의 일반적 상식과는 조금 동떨어져 있으나, 이처럼 시체 매장과 묘석 건립과의 사이에는 공간과 시간의 어긋남이 존재해 왔던 것이다.

그렇다면 이러한 시체 매장과 묘석 건립 사이에 존재하는 공간차와 시간차를 발생시킨 원인은 어떠한 것이었을까?

앞서 언급한 것처럼 오하카라고 할 때는 묘석을 오하카로 인식하는 것이 지극히 일반적인 상식이다. 원래는 시체가 그 아래에 매장되지 않는 묘석이 오하카로 인식되고 있는 것이다. 게다가 일반적 상식뿐 아니라 평론가, 저널리즘, 인문사회과학의 연구자들까지도 오하카라고 하면 이러한 묘석이라는 것을 전제하고 논의를 전개하는 경우가 많다.

제3장에서 중세고고학, 근세고고학의 성과를 원용하면서 상세히 언급하겠으나, 이 오하카라고 하는 묘석 역사는 짧고, 근세사회에서부터 서서히 건립이 늘기 시작해 근·현대사회에 확대된 것에 지나지 않는다. 또한 이미 언급한 것처럼 묘석은 계명을 새긴 개인의 것으로부터 시작하여, 현재 일반적으로 볼 수 있는 조상 대대의 묘로 서서히 이행해 갔다. 묘석을 역사적으로 보면 가장 오래되어도 약 400년을 거슬러 올라갈 뿐이다. 이는 사원 경내 묘지든 집터의 '야시키하카'든 이곳저곳의 묘지에 빼곡히 들어서 있는 묘석의 앞뒤에 새겨진 건립연월일을 보는 것만으로도 한눈에 알 수 있다. 예를 들어 일본력(和曆)으로 간에이(寬永), 게이안(慶安), 간분(寬文) 등 17세기의 것은 쉽게 찾아볼 수 없다. 교호(亨保), 엔쿄(延亨), 호레키(寶曆) 등 18세기 중기까지의 것도 드물다. 18세기 말의 덴메이(天明), 간세이(寬政) 시기부터 늘기 시작해, 19세기 전반의 분카(文化), 분세이(文政), 덴포(天保) 시기가 되어야 비교적 눈에 띄게 많아진다. 설사 없어져 현재 남아 있지 않은 묘석이 있다 하더라도, 묘석의 본격적 침투는 근세 후기 이후로 보아도 틀림없을 것이다. 묘석은 현재를 포함해 근·현대에 침투하고 있는 현재진행형의 사회현상으로 이해하는 쪽이 적절하다고 볼 수 있다.

묘는 무엇인가

그러나 이 이전부터 시체 매장은 행해져 왔으므로, 묘석은 역사적으로는 후발적 발생에 지나지 않는 것이었다. 이러한 묘석의 의미를 보다 분명히 하기 위해서도 묘석과 공간차 및 시간차가 있는 시체 매장을 축으로 하여, '묘란 무엇인가'라는 과제에 다가가 보기로 하자.

이미 지적한 바와 같이 일반적 상식으로도, 학문적으로도 오하카는 시체가 그 아래에 매장되어 있지 않는 묘석으로 인식되어 온 것이 사실이다. 이러한 학설의 전형적 예를 들자면 이미 소개한 야나기타 민속학의 양묘제론이 그러하다. 거기에서 묘석은 영혼을 모시기 위한 것으로 이것이야말로 오하카라고 하고 있다. 야나기타 민속학의 경우, 이 오하카로서의 묘석에서 일본인의 '고유 신앙'인 조상 제사를 보려고 했다.

그러나 이 묘석의 형성은 근세 이전으로 거슬러 올라가는 것이 불가능했다. 그 침투는 앞에서 보았던 것처럼 근세 후기 이후부터이며, 근ㆍ현대적 사회현상이기까지 했다. 이러한 사회현상이 '고유'라고 불릴 수 있을 정도의 역사적 축적이 없는 것은 말할 필요도 없다.

너무도 당연하지만 묘석의 생성 이전에도 시체 매장은 있었고, 또한 묘석이 생긴 이후에도 공간차와 시간차를 가지면서 시체 매장이 행해져 온 것이다. 따라서 이 시체 매장 및 시체 매장지점에

[사진 4-15] 시체 매장지점에 울타리를 치고 그 안에 낫을 둔다.
(야마나시현 니시야쓰시로군 이치카와미사토정 벳쇼)

대한 관점의 설정이 필요하다. 학문적 분석이 일반적 상식을 전제로 해서는 안 되기 때문이다.

시체 매장지점의 현실을 보기로 하자.

[사진 4-15]는 앞서 시체 매장지점과 묘석 건립지점의 공간차를 본 벳쇼의 시체 매장지점이다. 시체 매장지점 위에 두는 자연석인 '마쿠라이시'(枕石: '표시'라고 설명하는 사람도 있다)와 그 위에 낫을 두고, 대나무의 윗부분을 쪼개어(割り竹) 활과 같은 형태로 덮어씌우고, 그 주위에는 이 지역에서 '다마가키'(玉垣)로 불리는 울타리를 만든다. 여기서 낫은 '들개가 후벼 내지 않게 하기 위한' 것이고, 대나무를 활의 형태로 만드는 것도 같은 의미라고 말한다.

[사진 4-16]은 인근에 위치한 오비나(帶那)의 시체 매장지점이

[사진 4-16] 시체 매장지점에 '마쿠라이시'(枕石)와 '노이하이'(野位牌)를 두고 그 상부를 덮듯이 대나무를 세운다.
(야마나시현 니시야쓰시로군 이치카와미사토정 오비나)

다. '마쿠라이시'와 '노이하이'(野位牌)[21]를 시체 매장지점 위에 두고, 그 상부를 덮듯이 '멧파치'(メッパチ)라고 하는 대나무를 세우고 있다. 이 '멧파치'는 "마물(魔物)을 피하기 위해"라고 설명한다.

이처럼 시체 매장지점 위에는 묘석만이 아니라 다양한 묘상시설이 설치되는 것이 일반적이었다. 게다가 묘상시설은 마쿠라이시나 낫만이 단독으로 놓이는 것이 아니라 여러 물체가 복합적으로 설치된다.

한 가지 더 이러한 복합적 구도를 보여 주는 사례를 보기로 하자.

21. 들판의 위패라는 의미로 장의에서 사용된 후 묘까지 옮겨와 꽂아 두는 나무판의 위패.

[사진 4-17] 시체 매장지점에 돌을 늘어뜨린다.
(야마나시현 호쿠토시 스다마정 고이케히라)

[사진 4-17]은 야마나시현 호쿠토시(北杜市) 스다마정(須玉町) 고이케히라(小池平)의 시체 매장지점이다. 매장한 다음 무덤 위를 씌우듯이 쪼갠 대나무를 꽂고, 이 대나무의 상부로부터 새끼줄로 돌을 매달아 늘어뜨린다. 이 돌은 무덤의 위에 닿을락말락하게 늘어뜨린다. 이 대나무를 만드는 이유는 "이리나 개가 파헤치지 않도록"이라고 설명한다.

이러한 시체 매장지점 위의 묘상시설을 보면 시체를 매장한 곳을 흙으로 덮어씌우고, 그 위를 대나무 등으로 에워싸 하나의 텅 빈 공간(빈 통과 같은)을 만들고 있다. 이 3차원 공간이 시체 매장지점을 덮어씌우는 구도이다. 그리고 이 지면 아래에는 시체가, 지면 위에는 마쿠라이시와 낫이 있다.

시체와 함께 사령을 봉쇄한다

시체 매장지점은 묘상시설이 시체를 억누르는 구도를 보여 준다. 또한 앞서 출관부터 장례행렬의 시체 이동에서, 사령이 시체로부터 유리하지 않도록 시체에 부착시켜야만 한다는 점을 확인할 수 있었다. 그리고 이렇게 하여 묘에 매장된 시체에는 이것을 덮어씌우는 것처럼 묘상시설이 설치되어 있다. 이 묘상시설의 구도를 그 아래에 시체가 매장되어 있다는 점을 염두에 두면서 보이는 그대로 관찰해 보면, 시체 매장지점은 시체 및 시체와 함께하는 사령을 봉쇄하고 있는 것으로 파악할 수 있을 것이다.

그리고 이러한 묘상시설에 대해 이것을 만든 사람들은 "들개가 파헤치면 대나무가 튀어 들개를 쫓아 보내기 위해" 또는 "마물을 피하기 위해"라고 설명한다. 물론 물리적으로는 이러한 묘상시설로 들개, 이리, 마물 등의 침투를 방지하는 것은 불가능하다. 게다가 이러한 공포스러운 존재 자체가 상상의 산물이며, 어딘가 황당무계하기까지 하다.

그렇다면 이러한 기묘한 이야기가 의미하는 것은 무엇일까?

이 설명을 있는 그대로 이해하자면, 이러한 공포스러운 것들에 의해 시체 매장지점이 파헤쳐지지 않도록 하기 위해 묘상시설을 만든다는 것이 된다. 이는 묘가 파헤쳐지는 것에 대한 금기이고, 시체 매장지점이 파괴되는 것을 기피하고자 하는 심성을 나타낸다.

그리고 이러한 시체 매장과 묘상시설의 설치는 장식조에 의해 행해지며, 승려의 관여가 전혀 없는 것에도 주의할 필요가 있다. 앞서 확인한 것처럼 무덤파기부터 매장까지는 이들이 행한다. 장례의식 전체를 살펴볼 때, 거기에는 승려가 관여하는 부분과 그렇지 않은 부분이 있다. 시체 매장 그 자체와 묘상시설 설치에 대해서는 승려가 관여하지 않는다. 즉, 이 시체 매장지점의 세계는 비불교적 존재이다. '장례식 불교'라는 말로 상징되는 것처럼 원래는 외래문화인 불교가 장송의례를 통해 민간에 침투한 것은 확실하나, 이 '장례식 불교'에 침윤되어 있지 않는 것이 바로 시체 매장지점의 세계인 것이었다.

불교적 묘석과 병존

한편 묘석은 이것들과는 공간차 및 시간차를 가지면서 설치된다. 개인의 묘석에 새겨진 계명(戒名) '○○○居士' '○○○大姉' 등으로 대표되는 것처럼 묘석은 분명히 불교적 존재이다. 지금까지 오하카로서의 묘석에 대해 필자가 '석탑'(石塔)이라는 용어를 사용해 온 것도 여기에 이유가 있다. '석(石)'제(製)의 '탑(塔)'파(婆)야말로 묘석이기 때문이다. 지금도 묘에 가면 빼곡히 들어서 있는 판탑파(板塔婆: '판板'제製의 '탑塔'파婆), 또는 각지 절의 3중의 '탑', 5중의 '탑', 이것에 필적하는 불교에서의 사자공양(死者供養)

을 위한 '탑' 중 하나가 일반적 상식에서는 오하카로 인식되는 묘석이다.

이것은 불교고고학에서는 이시다 모사쿠(石田茂作)의 「우리나라에서 탑형(塔形)의 종류와 그 계통(わが國に於ける塔形の種類と其の系統)」(1933)을 비롯해, 1930년대 이후 정착된 학문적 이해이다. 민속학에서도 오마치 도쿠조(大間知篤三)의 「묘제각서(墓制覺書)」(1937), 고라이 시게루(五來茂)의 「양묘제와 영장숭배(兩墓制と靈場崇拜)」(1952), 『장과 공양(葬と供養)』(1992) 및 이사카 야스지(井阪康二)의 「'소토바'고(卒塔婆考)」와 도이 다쿠지(土井卓治)의 『묘석의 민속(石塔の民俗)』(1972), 『장송과 묘의 민속(葬送と墓の民俗)』(1997) 등에 의해 많은 장송의례, 묘제의 연구가 있었고, 이들 연구자는 묘석이 불교적 존재이며 '석(石)'제(製)의 '탑(塔)'파(婆)라는 것을 주장해 왔다. 그리고 이 묘석이 이윽고 조상 대대 묘로서 형태를 갖추어 현재에 이르기까지 전개하고 있는 것은 '장례식 불교'로서 불교가 민간에 침투한 것과 조상 제사가 크게 연관된다는 것을 나타낸다.

그렇다면 '시체 매장지점＝사령의 봉쇄', '묘석＝장례식 불교적 조상 제사', 이것들이 공간차와 시간차를 두며 함께 병존하는 현실, 우리들은 이것을 어떻게 이해해야만 하는 것일까?

있는 그대로 이해하자면 양자는 중층적 병존이라고 할 수 있다. 그러나 비불교적(非佛敎的)인 자율적 민속사상인 전자와 불교적인 후자, 더욱이 공간차와 시간차를 고려했을 때 양자는 질적으로 용해되어 서로 뒤섞여 있지 않는 것이 확실하다. 장송의례와 묘제 속에서 미묘하게 서로 얽혀 있으면서도 동질적으로 융합해 있는 것이 아니라, 오히려 질적으로 완전히 분리해 있다. 불교 이전부터의 사령제사와 불교 이후의 '장례식 불교'적 조상 제사가 서로 배제하지 않고 공존해 있다고 말해도 좋을 것이다.

조상 제사의 정치성

대체로 전자인 사령제사를, 그 비불교적인 성격으로 보아 장송의례와 묘제의 기본적 형태로 이해해도 좋을 것이다. 그러나 근세 이후에 생성된 후자인 묘석 및 '장례식 불교'적 조상 제사에 관한 문제에 대해서는 좀 더 깊이 들여다볼 필요가 있다. 왜냐하면 근세사회에서 불교의 민간 침투는 근세 '바쿠한'(幕藩: 막번) 체제하의 종교정책과도 크게 관계되기 때문이다.

이에 대해서는 다음과 같은 역사적 경과를 추정할 수 있을 것이다.

근세 바쿠한 체제의 일관된 정책으로 기독교 탄압이 있었다. 이것이 민간에서는 사단제도(寺檀制度)로 전개된다. '종문인별장'(宗門人別帳)에 가족 단위로 한 사람 한 사람씩 기재되어, 불교 사원의 단가(檀家)로 등록된다. 이것에 의해 기독교인이 아닌 것이 증명된다. 즉, 기독교인이 아닌 것의 증명을 불교 사원이 행하

고 있는 것이다. 현대적으로 말하면 호적으로서의 기능도 가지고 있어, 가령 혼인 등으로 단가의 변경이 있을 경우는 개인별 보내기(人別送り)로 전적(轉籍)이 이루어진다.

이것은 자연히 농민, 상인, '조닌'(町人)에 대해 그 존재 자체에 대한 생살여탈(生殺與奪)의 권한을 불교 사원이 쥐는 것을 의미한다. 불교 사원이 그 단가임을 증명하지 않으면 농민, 상인, '조닌'은 비기독교인 것이 증명되지 않는 것이 된다. 17세기 말까지 이러한 기독교 탄압과 단가제도가 상호 관련성을 가지고 민간에 침투되는 과정은 다마무로 후미오(圭室文雄)의 『장례식과 단가(葬式と檀家)』등의 종교사 연구를 통해 이미 학계에 보고된 바 있다.

불교 사원이 대폭으로 늘어나 전국 곳곳에 존재하게 된 것도, 이러한 근세의 정치적 시스템의 영향이 컸다고 볼 수 있다. 정치적 시스템으로서는 불교 사원이 농민, 상인, 조닌에 대하여 우월적 지위에 서게 된다. 이러한 배경에 의해 필시 농민, 상인, 조닌과 불교 사원 사이에 농밀한 교섭이 생겨나게 되었고, 또한 불교 사원이 생사에 크게 관계하는 호적의 기능을 행사하게 되었기 때문에 그 종교적 기능까지를 포함한 '장례식 불교'를 위한 불교 사원이 형성된 것으로 생각된다.

농민, 상인, 조닌의 입장에서 보면 이것은 '장례식 불교'로서 불교의 수용이었다. 죽은 사람에게 저마다 불교식 계명을 붙이고, 자손이 불교적 장치인 묘석 및 위패를 통해 조상 제사를 행하는 형태가 탄생된 것이다. 엄밀히 말하면, 죽은 사람임을 나타내는 계명, 자손의 입장에서 볼 때 선조를 나타내는 사자명(死者名)이 근세 정치적 시스템의 말단으로서 불교 사원에 의해 발행, 증명되어 왔다는 것이 된다. 따라서 '○○○居士' '○○○大姉' 등의 불교식 사자명(즉 계명戒名) 및 그것을 새긴 묘석, 현대에서 말하는 오하카는 근세 바쿠한 체제의 지배가 생활 및 신체 감각의 부분까지 침투한 것을 나타내는 표상이기도 하다.

제3장

오하카(お墓)의 탄생

5
획일화되는 묘

묘제연구의 재검토

지금까지 토장에서, 시체 매장지점과 묘석이 위치하는 장소 사이의 공간차 및 매장시기와 묘석 건립시기 사이에 시간차가 있다는 현실에 주목하여 양자가 각기 상이한 의례적 의미를 지니며, 서로 다른 성격으로 존재하고 있음을 밝혔다. 이에 따라 그 아래에 시체가 매장되어 있지 않은 묘석에 대해 제사를 행한다는 기묘한 현상이 존재해 왔다는 것을 알 수 있었다.

그리고 이러한 현상의 배경에는 근세사회의 정치지배의 영향,

근세 바쿠한 체제하에서의 장례식, 불교의 침투에 의한 '○○○거사(居士)' '○○○대자(大姉)' 또는 '○○가(家) 조상 대대의 묘(墓)' '○○가(家)의 묘(墓)'라고 새겨진 묘석의 보급이 있었다. 일반적으로 현대의 일상생활에서의 오하카에 대한 우리의 인식 및 행위는 장례식 불교의 침투 및 근세의 정치지배가 드리운 잔영의 연장선상에 있는 것이었다.

그러나 이제까지의 묘제연구, 특히 이 분야의 개척자적 역할을 담당한 민속학의 연구는 묘석 및 거기에 모셔지고 있는 영혼을 중시하는 경향이 강하고, 이것들을 오하카로 보는 일반적 상식의 틀 안에서 진행된 것이 사실이다. 그리고 아마 연구자 자신도 이 일반적 상식에 침투되어 있다는 사실을 자각하지 못했기 때문에 묘제의 현실을 리얼하게 관찰하는 시각이 결여되었던 것으로 보인다.

이 장에서는 우선 이러한 문제점이 있었음에도 이것이 학문용어 사용에 대해서도 영향력을 가져 묘제연구의 틀조차 규정해 왔다는 점을 지적해 두고자 한다. 이러한 문제점을 분명하게 한 뒤, 현실의 묘제를 기점으로 분류기준을 새롭게 설정하여 현대의 오하카는 어떠한 존재인가를 밝혀 보기로 하겠다.

묘제연구의 시작

일본민속학에서 묘제연구의 시작은 이하 후유(伊波普猷)의 「남도 고대의 장의(南島古代の葬儀)」(1927)라는 논문에서 다룬 오키나와(沖繩)·남서제도(南西諸島)의 묘제에 관한 연구였다. 이하는 구다카 섬(久高島)에서 조사한 풍장(風葬)을 기점으로 하여, 이를 세골(洗骨), 개장(改葬: 이장)을 수반하는 구갑묘(龜甲墓) 등의 원형으로 보았다. 오키나와·남서제도의 묘제는 매장이 행해지지 않는 것에 특징이 있다고 할 수 있으나, 이하의 논의는 마을에서 한참 떨어진 곳에 관(棺)을 두는 것으로 끝나는 묘제인 풍장이 최초에 있었으며, 이것이 당시의 오키나와·남서제도에서 일반적이었던 구갑묘 등으로 변화한 것으로 보고 있다. 구갑묘는 그 석실(石室) 내에 시체 안치 공간을 두고 일단 시체를 안치한 후, 세월이 지나 썩은 시체로부터 유골을 모아 유골항아리인 골호(骨壺)에 담아 이장하여, 똑같이 구갑묘 안에 다시 안치한다는 것이다. 따라서 지면에 땅을 파 시체를 매장하는 토장과는 달리, 재이용을 전제로 하는 공간에 시체 및 유골을 안치하는 구갑묘에서는 매장이 없는 것이다.

일본 본토(本土)의 묘제연구는 애초부터 본토의 묘로부터 시작된 것은 아니었다. 이하에 의한 이 오키나와·남서제도 묘제연구를 계승하는 형태로 시작되었다. 그 대표적인 것이 야나기타의 논고 「장제의 연혁에 대해서(葬制の沿革について)」(1929)이다. 그

는 당시의 오키나와·남서제도에 남아 있는 풍장(야나기타는 '공장空葬'이라는 말을 사용했다)을 본토의 고대, 중세에 존재한 풍장과 같은 것이라고 생각하고 있었다. 그리고 이 풍장을 일본열도 묘제의 원형이라고 지적한다.

야나기타의 예에서 알 수 있듯이 본토의 묘제연구는 오키나와·남서제도의 묘제에서 힌트를 얻었던 것이다. 또한 당시 야나기타 등의 민속학자는 본토 민속사상의 원형 또는 원초적 형태와 같은 상태를 오키나와 등 남서제도에서 찾으려고 하는 사고가 강했으며, 이러한 전체적 경향 속에서 묘제연구도 전개된 것으로 볼 수 있다.

단, 오키나와·남서제도와 달리 본토에는 세골(洗骨), 개장(改葬)은 거의 없고, 또한 구갑묘도 없다. 대신 일반적으로 매장을 행하였다. 당연히 야나기타도 이를 알고 있었으며, 그러한 가운데서 풍장에서 변화된 형태로서 그가 주목한 것이 양묘제(兩墓制)이다. 그는 사회의 발전과 거주지역의 확대에 의해 풍장을 행할 수 있는 장소가 감소하였으며, 이것이 매장 및 양묘제를 발생시켰다고 지적한다.

따라서 야나기타는 일본열도 묘제의 원형으로 풍장을 생각하고, 그로부터 파생한 2차적 형태로서 오키나와에서는 구갑묘 등이, 본토에서는 양묘제가 있었다고 판단한 것이다. 이것이 현재 양묘제라는 용어로 불리는 묘제의 최초의 학문적 위치였다. 그리고 이미 지적한 바와 같이 이때 야나기타가 중시한 것은 영혼을 모시는 묘석이었다.

그런데 이하의 「남도 고대의 장의」에서도 야나기타의 「장제의 연혁에 대해서」에서도 양묘제라는 용어는 아직 사용되고 있지 않았다. 가령 야나기타는 시체 매장지점을 '장지'(葬地), 묘석을 '제지'(祭地)[22]라는 두 가지 용어를 사용하면서 양묘제를 표현하고 있을 뿐이었다.

용어로서의 '양묘제'

드디어 이들을 총체적으로 지칭하는 양묘제(兩墓制)라는 용어가 사용되었다. 따라서 용어로서는 '장지'(葬地), '제지'(祭地)가 선행하고, 그 후에 만들어진 것이 양묘제이다.

또한 문헌 속에서 처음으로 양묘제라는 용어가 등장한 것은 야나기타가 아니라, 오마치 도쿠조(大間知篤三)의 「양묘제의 자료(兩墓制の資料)」(1938)에 의해서였다. 물론 문헌상 그렇다고는 해도 야나기타를 중심으로 오마치도 포함된 '목요회'(木曜會: 1934년 창립) 및 '민간전승회'(民間傳承の會: 1935년 창립) 등의 연구그룹 안에서 양묘제라는 용어가 사용되었을 가능성이 크기 때문에 오마치가 최초인지 야나기타가 최초인지 하는 논의는 무의미하다

---

22. 제사지(祭祀地)를 의미함.

고 하겠다. 문제시되어야 할 것은 야나기타 민속학 및 야나기타 계통의 민속학에 의해 양묘제라는 용어가 설정됨에 따라 묘제연구의 방향성이 양묘제 중심의 사고로 결정된 것에 있다. 시체 매장지점과 묘석 건립지점이 두드러지게 떨어져 있는 양묘제는 일본열도 전역의 묘제에서 보면 수적으로는 소수에 지나지 않는다. 그러나 앞서 언급한 바와 같이 원형으로서의 풍장의 발전형이 양묘제로 판단됨에 따라 이 양묘제가 묘제연구의 중심에 서게 된다.

여기서는 양묘제 중 묘석이 조상 제사의 대상으로서 중시되었다. 그리고 이미 언급한 야나기타의 「선조이야기」(1948) 및 모가미 다카요시(最上孝敬)의 『참배묘(詣り墓)』(1956)가 그들 연구의 도달점이 되었다. 시체 매장지점과 묘석 건립지점 사이에 거리가 있는 양묘제가 영육분리의 관념으로 파악되어, 묘석에서의 조상제사를 중요시하는 연구가 전개된 것이다.

'양묘제' 용어의 확대

말하자면 양묘제라는 용어의 성립 및 보급과 야나기타 민속학은 불가분의 관계에 있었다. 게다가 묘제연구사에서 처음으로 설정된 학문용어가 이 양묘제이기 때문에 이후의 묘제에 관한 다른 학문용어도 이 양묘제를 참고하여 만들어지게 된다.

가령 시체 매장지점에 인접해 묘석을 건립하는 보통의 토장을,

양묘제에 대한 단묘제(單墓制)로 부르게 되었다. 언제 누가 사용하기 시작했는지는 분명치 않지만, 야나기타의 「선조이야기」에서는 사용되고 있음을 볼 수 있다. 그리고 정토진종(淨土眞宗) 지역 및 동해[23] 쪽 등 원래부터의 화장지역에서 유골을 본산(本山) 등에 납골하여 묘석 건립이 행해지지 않는 묘제를 무묘제(無墓制)로 부르게 된다. 무묘제라는 용어를 처음으로 사용한 것은 무라세 마사아키(村瀬正章)의 논고 「"묘 없는 집이 있다"("墓のない家がある")」(1964)이나, 현재에는 정토진종 지역의 화장묘제를 이 무묘제라고 부르는 것이 늘고 있다.

현재 오키나와·남서제도를 제외한 일본열도의 묘제를 분류할 때, 이 양묘제, 단묘제, 무묘제라는 세 용어를 사용하는 경우가 많다. 그러나 이러한 용어 설정의 경위를 보면, 거기에는 일본열도 묘제 전체를 파악한 뒤 명확한 기준하에 분류되어 용어가 설정된 것이 아니었음을 지적할 수 있다. 가장 처음에 야나기타 민속학 및 야나기타 계통의 민속학이 조상 제사론과 관련시키며 양묘제라는 용어를 만들고, 거기에 포함되지 않는 대다수의 보통의 토장묘제를 단묘제로, 정토진종 지역의 화장묘제를 무묘제로 말한 것에 지나지 않았다. '양묘제→단묘제→무묘제'의 순서로 조어(造語)가 생성되어 온 것이다. 이 세 가지는 음독하면 어조도 좋기에 쉽게 수긍되나, 사실상 이 학문용어는 현실의 묘제 전체를 포

---

23. 원저에서는 일본해로 표기되어 있음.

괄적으로 파악하지 않았을 뿐 아니라 그 연구목적, 분석방법 등에서도 동일의 기준하에 설정된 용어가 아니었다.

묘의 분류기준을 설정한다

묘제를 정확히 파악하기 위해서는 일본열도 내의 묘의 현실을 총체적으로 파악하고, 특정 관점의 기준에 근거한 분류를 행하고, 용어의 설정이 이루어져야만 한다.

오키나와·남서제도의 묘제는 매장하지 않고 세골(洗骨)하여 개장(改葬)하고 있기 때문에 본토의 묘제와 같은 성질인지 아닌지 판단하기에 어려운 면이 있다. 이와 별도로 본토의 묘제만으로 다음과 같은 분류를 생각해 볼 수 있다. 물론 이는 시론(試論)으로서의 분류이다.

첫 번째로, 처리 형태가 시체인지 유골인지가 기준이 된다. 처리 형태가 시체인 경우는 거의 토장으로서 매장되나, 반드시 그런 것만은 아니다. 고대, 중세까지는 존재하였다고 추측되는 풍장처럼 시체를 산림(山林), 원야(原野) 등 마을에서 먼 곳에 두고 오는 처리 형태는 비매장(非埋葬)[24]이다. 이에 반하여 처리 형태가 유골인 것은 화장이 대부분이기는 하나, 이것 또한 화장만으로

24. 매장하지 않고 납골함.

한정할 수는 없다, 가령 극소수의 사례이지만, 일단 매장된 시체를 다시 파내어 개장하고 최종적인 처리 형태는 유골로 하는 지바현(千葉縣)의 한 사례도 보고되어 있다. 이는 쓰보이 히로후미(坪井洋文)의 「일본 민속사회에서 세계관의 일고찰(日本民俗社會における世界觀の一考察)」(1977)에 소개되어 있다. 화장을 하지 않는 이러한 유골 처리 매장도 존재했던 것이다.

두 번째로, 시체 또는 유골의 처리 방법이 매장인지 비매장인지가 기준이 된다. 묘는 보통 매장이 이루어진 장소로 인식되어 있으나, 현실에는 매장이 없는 경우도 많다. 보통 토장은 시체를 관에 넣고 화장도 유골이 골호에 수납된 상태에서 흙 속에 매장된다. 그러나 화장이 주로 행해져 온 정토진종 지역에서는 화장한 유골의 일부분을 본산(本山) 등에 납골하는 것 이외에는 흩어버리는(遺棄) 경우도 있어 이러한 경우는 확실히 비매장이다.

또한 현재 일반화된 오하카의 하부에 있는 가로우토 납골에 대해서는, 이것을 매장과 비매장의 어느 쪽에 포함시켜야 하는가의 문제가 있다. 이 경우 죽은 사람이 생길 때마다 개폐하고 반복적으로 유골을 석실(石室)에 넣는 형식이므로 매장이 아니라 비매장으로 판단해도 무방할 것이다. 보통 매장은 시체 또는 유골을 흙 속에 묻은 다음 그것을 개폐하지는 않는다. 가로우토에의 납골은, 좋은 표현은 아니지만, '묘 파헤치기'를 반복하는 것이 된다. 앞의 제2장에서 토장에서의 묘상시설에 관해 이것이 시체 매장지점의 '묘 파헤치기' 금기의 의미로 행해지고 있음을 알 수 있었으나, 가로우토식 묘석에서는 이와는 정반대로 묘 파헤치기가 행해진다. 이러한 점에서 재이용을 전제로 한 현대의 가로우토식 묘석의 오하카는 비매장으로 볼 수 있을 것이다.

세 번째로, 2차적 장치로서 후발적 발생인 묘석 건립의 여부가 기준이 된다. 묘석 건립은 불교 침투의 정도를 재는 시금석이며, 또한 현재 오하카로서의 인식은 이 묘석을 의미하는 것이기 때문에, 묘석을 세우는지의 여부는 중요한 기준의 하나라고 할 수 있다. 종래의 묘제연구에서는 이들 중 토장과 관련된 묘석 건립을 두 종류로 나누어, 시체 매장지점과 묘석 건립지점과의 사이에 현저하게 거리를 두고 있는 것을 양묘제, 양자 사이가 인접해 있는 것을 단묘제라고 말하여 왔다. 묘석 건립이 민속적으로 보편화되기 이전에는 묘석을 세운 일이 없었고, 묘석 건립 이후에도 모두 죽은 사람에 대한 묘석을 세웠다고는 말하기 어렵다. 즉, 토장에 의한 매장이라고 해도 묘석을 세우지 않는 경우도 많았다는 것을 알아 둘 필요가 있다.

〈표 5-1〉 묘제의 분류기준

기준	분류	
처리 형태	시체	유골
처리 방법	매장	비매장
2차적 장치	묘석 건립	묘석 비건립

일본열도의 묘제를 둘러싼 현실을 조감해 보면 이상과 같은 분류 기준의 설정이 가능하다. 〈표 5-1〉은 이 분류기준을 나타낸 것으로, 이 세 종류의 분류 기준의 조합 속에서 현실의 묘제를 정리해 나갈 수 있다.

양묘제와 단묘제의 동질성

우선 오하카로서 가장 일반적이라 할 수 있는 토장에서 묘석이 건립되는 경우부터 보기로 하자. 앞의 시체 매장과 묘석 건립의 공간차와 시간차를 소개했던 장소인 야마나시현 니시야쓰시로군

[사진 5-1] 시체 매장과 묘석 건립형
(야마나시현 니시야쓰시로군 이치카와미사토정 아시쿠보)

이치카와미사토정의 아시쿠보(芦久保)에서는, [사진 5-1]과 같이 시체를 매장하고 그 인접 공간에 2차적 장치로서 묘석을 건립한다. 이 묘제가 토장지역에서 가장 일반적인 형태의 묘이다. 이것은 시체 매장에 의한 묘석 건립형으로 볼 수 있다. 그러나 시체 매장보다 묘석 건립은 시간적으로 나중이기 때문에 시체가 매장된 후에 피치 못할 사정 등에 의해 묘석이 세워지지 않을 가능성도 배제할 수 없다. 그렇다고 하면 시체 매장이기는 하나 묘석 비건립형으로도 볼 수 있는 묘제이다.

[사진 5-2]는 야마나시현 야마나시시 마키오카정 시오다이라(塩平)의 모습으로, 시체를 매장한 후 그 위에 죽은 사람의 머리맡에 두는 돌이라고 말해지는 마쿠라이시(枕石), 낫 등 묘상시설을 설

[사진 5-2] 시체 매장과 묘석 비건립형
(야마나시현 야마나시시 마키오카정 시오다이라)

치하기는 하나 묘석은 세우지 않은 예이다. 이 마을에서는 시체를 토장한 다음 "들개나 이리를 피하기 위해"라는 이유로 그 주변을 '유밋파지키'(ユミッパジキ, 弓彈き: 활 용수철)로 불리는 활과 같이 구부린 나뭇가지로 울타리를 만들어 그 안에 마쿠라이시, 낫 등을 두고 있다. 지금은 사진에서 보는 것처럼 이 유밋파지키가 썩어 버려 마쿠라이시, 낫 등만 남아 있는 묘가 많다. 과거에는 묘석의 건립은 거의 없었으나, 현재는 사진과 같이 가로우토식의 새로운 조상 대대의 묘가 서서히 생기게 되었다. 근세 이후에 묘석을 건립하는 관습이 침투하기 이전에는 이처럼 시체 매장이 행해지기는 했으나 묘석 비건립형인 경우가 많았다고 생각해야만 한다. 이것이 이윽고 후발적인 묘석 건립 관습의 침투에 의해 시체 매장과 함께 묘석 건립형의 묘제로 변화해 간 것이 된다.

한편 토장에서 묘석 건립을 수반하는 묘제에는 시체 매장지점과 묘석 건립지점 사이에 현격한 공간차가 있는 묘제가 존재하여 왔다. [사진 5-3]은 지바현(千葉縣) 나리타시(成田市) 기타스카(北須賀)에서의 시체 매장지점이다. 시체 매장지점 위에 나무를 심어 놓았다.

이 마을에서는 마을 뒤편의 평탄한 구릉 위에 시체 매장지점을 만들어 이것을 오하카라고 부른다. 그리고 이것과는 별도로 이 구릉 아래에 위치하는 사원 경내에 [사진 5-4]와 같이 묘석을 건립하고 있다. 협소한 공간에 묘석이 빼곡히 들어차 있으나, 여기에 시체는 매장하지 않는다. 이곳을 '이시란토'(石卵塔)로 부르고 있

[사진 5-3] 시체 매장지점 위의 식수(植樹)

[사진 5-4] '이시란토'(石卵塔)
(지바현 나리타시 기타스카)

다. 종래의 용어로는 양묘제라 일컬어진 묘제라고 할 수 있다.

종래의 연구사에서는 양묘제와 단묘제의 상이점에 주목하고 전자에 비중을 둔 연구가 일반적이었다. 그러나 묘제를 둘러싼 분류 기준을 설정한 뒤 양자를 분류해 보면 이것들은 동일 카테고리로 분류된다. 양묘제와 단묘제 사이에는 본질적인 상이점은 존재하지 않는 것으로 보아야만 할 것이다. 시체 매장지점으로부터 묘석 건립지점이 멀리 떨어져 있는지, 인접해 있는지의 거리상의 차이가 있을 뿐이다. 또한 최근에는 가설 수준에 머물러 있기는 하나, 후쿠다 아지오(福田アジオ)의 『사원·묘·선조의 민속학(寺·墓·先祖の民俗學)』(2004)에서도 양묘제와 단묘제를 질적으로 다른 존재로 보는 것에 문제가 있다는 지적이 제시된 바 있다. 하지만 이 후쿠다의 연구 또한 양묘제 중심의 연구라는 점에서는 종래 연구의 연장선상에 있다고 할 수 있을 것이다.

이처럼 여기에서는 종래의 용어 양묘제와 단묘제에 의한 구분이 아니라, 토장지역에서의 묘석 건립형 묘제에 대해 이질성을 인정하지 않고 양자를 포괄적으로 파악하였다. 임의로 이러한 '시체 매장과 묘석 건립형의 묘제'를 X형이라고 해 두자. 그리고 그 전사(前史)로서 시체 매장이 행해지기는 하나 묘석이 건립되지 않는 묘석 비건립형이 있다는 것도 일단 확인해 두고자 한다.

'가로우토'식 묘석에 납골

현재 여기 기타스카에서는 시체 매장지점 주위에 새로운 묘석이 건립되고 있다. [사진 5-3]에서는 시체 매장지점 뒤편에서 이것을 볼 수 있다. 가로우토식 묘석이다. 여기에서도 현대적 화장이 보급되어 시체를 매장하지 않고 가로우토식 묘석에 납골하는 것이 일반화되고 있다. 말하자면 X형 중 종래 양묘제로 불리던 묘제가 현대적으로 변용되어 '유골―비매장―묘석 건립형'으로 전환되어 온 것이다.

이와 같은 현상은 긴키 지방의 양묘제에서도 볼 수 있다. [사진 5-5]는 제2장의 초반부에 소개한 미에현 쓰시 미스기정 뉴노마타

[사진 5-5] 묘역을 정비하고 있는 모습
(미에현 쓰시 미스기정 뉴노마타)

[사진 5-6] 정비된 묘역
(사이타마현 지치부군 오가노정 미나모토)

(丹生俣)의 시체 매장지점으로, 그 인접지역에 새로운 묘석 건립이 진행되고 있는 상태를 나타내고 있다. 사진에서 보듯이 새로운 묘역을 정비하기 위한 공사가 한창 진행 중이어서 가로우토식 묘석이 늘고 있음을 알 수 있다. 종래의 용어로는 양묘제로 표현되었던 묘제의 시체 매장지점 쪽에 가로우토식 묘석이 새롭게 들어선 것이 된다.

X형에서부터 현대적 화장의 보급에 의해 가로우토식 묘석 및 유골 납골 형식으로의 전환은 단묘제에서도 마찬가지이다. [사진 5-6]은 사이타마현 지치부군 오가노정 미나모토(皆本)의 밭 안에 위치한 오하카이다. 묘역이 정비되어 옛날 묘석과 함께 한가운데에 가로우토식 조상 대대 묘의 묘석이 서 있다. 이곳은 일찍이 토

장을 하던 지역이었으나 현재는 행정정책에 의해 화장시설이 정비되어 거의 완전히 화장으로 바뀐 상태이다. 이처럼 과거의 묘석을 정비하면서 가로우토식의 조상 대대 묘를 설치하는 집이 늘고 있다.

장의의 현대적 변용

일본열도의 묘제 중 가장 일반적인 것이 이러한 X형이고, 게다가 그중에도 대다수를 점한 것이 묘석 건립지점이 시체 매장지점에 인접한 단묘제였다. 그러나 이것은 대부분 최근 3, 40년 사이에 급격히 변화하고 있다. 죽은 사람을 일일이 토장하여 이에 대한 묘석을 세우는 묘제는 서서히 사라지고, 이에 대신하여 화장한 유골을 가로우토식 묘석에 납골하는 형식이 일반화되고 있다.

묘제에서 현대적 변용이 현재진행형으로 펼쳐지고 있는 것이다. 따라서 현대의 오하카를 재검토하기 위해서는 지금까지 소개한 묘제의 민속사상만으로는 불충분하고, 그것을 기점으로 삼아 지금 존재하고 있는 현상을 관찰할 필요가 있다. 이제 어느 특정 지역의 사례를 구체적으로 살펴봄으로써 묘제의 현대적 변용 및 장의의 현대적 변용을 확인해 보기로 하자.

사이타마현 지치부군 미나노정(皆野町) 미사와지구(三澤地區)는 이 지역의 중심지인 지치부시의 화장장이 생길 때까지는 토장이 행해져 밭의 구석구석 등을 이용해 집집마다 묘역을 마련했다. 이 미사와지구에는 열다섯 채 정도가 모여 사는 오네(小根)라는 마을이 있다. 오네에서 1950년대 초반부터 60년대 초반의 장의 및 근년의 변화상은 다음과 같다.

오네의 경우 그 안이 각각 다섯 채 정도의 오야(大谷), 상조(上組), 히조(下組)로 조합이 나뉘어 있다. 가령 오야에서 초상이 난 경우를 예로 들어보자. 사망자가 생기면 우선 상가에서 조합장(組長)에게 연락이 가고, 조합장은 오야의 각 집에 연락을 취한다. 다음 날 각 집의 부부(또는 남녀 각 한 명)가 상가에 집합한다. 장의가 끝날 때까지 부부는 일을 거들고, 여자들은 다음 날의 정리까지 거들게 된다. 여자들의 일은 부엌일이 대부분이다. 여기 오네에서는 경조사에 사용하는 그릇 일습을 갖추어 공동창고에 보관하고 있으므로 이날 이것을 꺼내어 사용한다.

그러나 최근에는 장례식장을 이용하게 되었으므로 이 그릇을 사용하는 일은 없어졌다.

조합원들이 우선 하는 일은 승려에게 연락을 취한다. 오네는 가까운 곳에 절이 있기는 하나 주지가 없었으므로(현재도 없음), 꽤 먼 거리의 나가토로정(長瀞町)에 있는 같은 종파의 절까지 승려가 방문 가능한지를 알아보기 위해 길을 떠난다. 이 연락은 조합에서도 비교적 젊은 사람이 가는 것으로 정해져 있다. 승려와의 약속이 정해지면 상가의 먼 친척에게 연락을 취한다. 이것은 반드시 두 사람이 함께 같이 가는 것으로 정해져 있다. 여기에도 불문율로 정해진 방식이 있다.

보통 다른 집을 방문할 때와 달리, "죄송합니다"라고 하며 집에 들어간다. 손님에게 차를 대접하는 것이 일반적이나 이때는 차가 나오기 전에 먼저 "실은…"이라고 하며 "○○씨가 ○월 ○일에 돌아가셨습니다. ○월 ○일 ○시부터 장의를 시작합니다"라고 장의에 대한 안내를 한다. 반드시 장의 안내를 마친 후에야 차를 대접 받는다. 또한 방문 받은 집에서는 흰 쌀밥을 준비해 대접한다(이곳은 밭농사 지역으로 평소는 우동이나 보리밥이 주식이었다). 밥은 한 그릇 이상을 먹으면 안 된다.

현재는 전화의 보급으로 이것 또한 하지 않게 되었다.

관은 목수에게 부탁했다. 또한 도바(塔婆) 등도 목수에게 부탁했다. 목수는 아무리 일이 밀려도 장의 일정에 늦지 않도록 준비하기로 되어 있다. 관은 앉히는 관인 좌관(座棺)도 있었으나 이미 많이 사라졌으며, 거의 눕히는 관(寢棺)이다. 좌관의 경우 시체를 관에 넣을 때 대단히 수고스러우며 다리를 오므려 앉히는 형태이다. 가끔 머리가 빠져 나오는 일도 있었다고 한다.

현재에는 관을 J. A.(농협)에 주문하는 것이 일반화되었다. 이 경우 관만이 아니라 수의 등 장의에 사용하는 도구들이 한 세트로 도착하게 되어 있다. 장의 관련 상품 일습이 한 세트로 도착됨에 따라 북쪽으로 향하여 눕힌 시체에 대해서도 약간의 변화가 일어난다. 과거에는 이불을 덮은 시체 위에 낫을 두고 시체 옆에 경단과 젓가락을 꽂은 마쿠라메시를 두었으나, 이 한 세트 안에

칼이 포함됨에 따라 낫 대신에 칼을 두는 것으로 바뀌었다.

그리고 또 하나의 커다란 변화는 과거 이 지역에서는 상가에서 장의 전날 밤샘을 하는 '쓰야(通夜)가 없었다. 이 쓰야는 지치부 지역의 타 지구에서도 과거에는 행하지 않았다. 이것은 지치부 지역의 지역적 특징이라고 할 수 있을지 모르겠다.

특히 최근 10여 년 사이에 급속히 보급된 것이 장례식장의 이용이며, 현재 행해지게 된 쓰야도 장례식장을 이용하고 있다. 이 지역의 장례식장에는 '메모리얼(memorial) ○○'이라는 명칭이 많이 사용된다.

토장의 현대적 변용

여기 미사와지구 오네에서도 과거에는 장의 당일에 무덤구덩이를 팠다. 무덤파기 또한 조합에서 행하는 것으로 되어 있다. 가령 오야(大谷)에서 장의를 하면 상조(上組)가 이를 담당한다.

당일 아침 상가에 집합하여 아침을 먹은 다음 무덤파기를 시작한다. 각 조합 모두 인원이 부족하기 때문에 조합원 전체가 인선 및 인원수의 결정 등을 담당하게 된다. 무덤파기를 하다 보면 암반 등에 부딪쳐 더 이상 팔 수 없는 경우가 생긴다. 장의가 끝나 관이 장례행렬과 함께 도착해도 다 파내지 못했을 때는 "우리가 책임지고 묻을 테니 걱정 마시고 두고 가세요" 하고 돌려보낸 뒤

나중에 매장을 하는 일도 종종 있었다.

화장이 보급된 지금은 당연히 무덤파기는 행해지지 않는다. 이러한 무덤파기 고생담도 옛날이야기이다. 그러나 이 촌락의 경우 무덤파기 조합은 지금도 존속되고 있다. 무덤파기는 없어졌지만, 묘지청소, 묘지까지 가는 도로 청소, 납골을 도와주는 일 등을 하고 있다. 역할을 바꾸면서 무덤파기 조합은 현재도 계속되고 있는 것이다.

한편 장의에 앞서 입관(入棺)이 행해진다. 시체의 이마에 삼각의 삼베쪼가리를 두르고 짚신을 신기고 나서 시체를 관에 넣는다. 입관은 친척집에 연락을 취한 사람, 근친자, 친척 등이 입회한 가운데 조합 사람들에 의해 행해진다(타 지역에서는 근친자, 친척 등이 행하는 경우가 많다). 한편 과거에 입관은 팬티 한 장만 입힌 채로 행해졌다고 하나, 1950년대 초반에 이미 이것은 없어졌다. 하지만 지금도 셔츠 한 장만 입히고, 양말은 벗기고 바지를 걷어 올린다. 또한 그때 마시고 있던 소주를 입에 물고 '푸' 하는 소리를 내며 시체에 뿜은 뒤 관에 넣는다. 관에 못을 박을 때는 돌을 사용하며, 마지막 못은 시주(施主: 상주)가 박는다. 이 돌은 상가 뒤에 던져 버린다.

현재는 입관시 옷을 벗기는 일은 없다. 다른 마을의 사례이지만, 1990년대 말에 장의를 한 집에서는 근친자가 입관을 주관하고 소주가 아니라 청주를 입에 담아 시체에 뿜었다고 한다. 그리고 화장이 보급된 현재에는 장의 당일 오전 중에 화장장에 가서 오후부터 장의를 시작한다고 한다.

과거에 장의는 오후부터 시작하였는데, '도모니타치'(伴に立ち: 함께 가다라는 뜻)라고 하는 근친자, 친척 등 장의에 출석하고 묘까지 가는 사람은, 남성은 삼각의 삼베쪼가리를 이마에 두르고 여성은 삼베 끈을 어깨에 걸친다. 이때만큼은 승려가 와서 직접 독경을 하고 4, 50분 정도로 장의는 끝난다. 승려는 한 명만 온다.

장의가 끝나면 보통은 무덤파기를 마친 무덤파기 조합의 사람들이 도착해, 관을 새끼줄로 묶어 대나무 막대를 거기에 끼워 넣듯이 짊어지고 툇마루에서 정원으로 나간다. 정원에 나가면 시계 반대방향으로 몇 바퀴 돌고, 이때 근친자가 동전을 뿌리게 되어 있다. 이 동전을 주우면 "장수할 수 있다"고 한다. 승려는 여기 정원까지만 같이 있고, 묘까지는 함께 가지 않는다.

그리고 무덤파기 조합의 사람들이 관솔불을 피우고, 이것을 앞세우고 걸어가기 시작한다. 관도 무덤파기 조합의 사람들이 짊어지고, 시주가 백목(白木)의 '노이하이'(野位牌)를 가지고 뒤를 이어 묘까지 간다. 도착하면 관을 무덤구덩이에 넣고 근친자, 친척들이 흙덩어리를 그 안에 던져 넣는다. 이를 마친 근친자, 친척이 먼저 돌아가고 그다음에 무덤파기 조합의 사람들이 흙을 덮어 매장을 마치는 순서이다.

매장을 마치면 여기에도 묘상시설을 설치한다. 가까운 강에서 돌을 주워 와 '붓치메'(ぶっち目: 눈 때리기)를 만든다. 또한 장의때 정원에 세운 네 개의 대나무를 가지고 와 이 대나무를 두 개씩

서로 교차시키고, 관을 짊어질 때 사용했던 대나무 막대를 거기에 조합시킴으로써 매장한 위를 덮어씌운다. 거기에 정원에 세운 육지장(六地藏)이라고 하는 6개의 대나무 조각에 붙어 있던 지장(地藏: 지장보살)의 그림만을 떼어내고, 대나무 조각의 양단을 뾰족하게 해서 활 같은 형태로 만든 다음 매장한 위에 꽂아 둔다.

앞에서 이미 시체 매장지점과 묘상시설 부분은 승려의 관여, 즉 불교의 침투가 거의 없다는 것을 지적했다. 이것은 여기서도 마찬가지임을 확인할 수 있다. 장의 전체를 통해 승려의 관여는 독경을 하는 정도에 머무른다. 장의의 집행 자체는 마을에 있는 것이었다.

그러나 현실에서는 화장의 보급으로 이러한 토장과 그 위의 묘상시설은 없어졌다. 장례식장에서 장의를 행한 다음 오하카에 돌아와 화장된 유골을 가로우토에 넣는 것으로 끝내고 있다.

이렇게 과거에는 매장 후, 현재에는 납골이 끝나면 무덤파기 조합의 사람들은 상가에 돌아와 식사 대접을 받는다. 그리고 7일 법요(法要), 49일 법요의 예정에 대한 설명을 들으면서 장의 당일의 의식이 끝나간다.

이러한 가운데 최근의 가장 큰 변화는 이곳에서 첫 7일 법요가 사실상 없어졌다는 점이다. 최근 일본열도 전역에서 장의가 끝나면 바로 그 당일에 첫 7일 법요를 행하는 일이 늘고 있다. 여기 지치부 지역도 예외는 아니며, 장의 당일에 첫 7일 법요를 행하는 것으로 바뀌고 있다.

'가로우토'식 묘석으로의 전환

이제까지 한 지역의 구체적 사례를 들어 장의와 묘제의 현대적 변용을 확인했다. 이러한 구체적 변화는 화장 및 가로우토식 묘석의 보급, 장례식장 이용의 일반화 등인데, 이러한 현상 속에서 최근에는 다음과 같은 말도 듣게 되었다.

"마을의 조합 사람들이 도우려고 해도, 장례업자(이 지역은 농협이 거의 대부분)가 전부 도맡아 해서, 우리들이 뭘 도우면 좋을지 모르게 되었다."

"집에서 장의를 하는데 마을의 조합 사람들에게 맡기는 것이 오히려 불안하다."

과거의 장식조에 의한 장의는 더 이상 회복 불가능한 상태에 이르렀는지 모르겠다. 장의의 주도권이 마을에서 장례업자에게로 이동하고 있는 것이다. 그리고 이 지역에서 오하카를 둘러싼 구체적인 변화는 다음과 같다.

일찍이 이 지역은 '연회'(年回)라고 불리는 연기(年忌)가 행해지는 일이 드물었다. 물론 완전히 없었던 것은 아니지만, 가령 묘석을 세우는 것에 맞추어 13회기(回忌)만은 했다는 정도였다. 또한 언제까지 묘석을 세워야 한다는 것도 없었다. 가령 할아버지가 돌아가셨다고 한다면, 할머니가 돌아가시고 나서 부부의 계명을 새긴 묘석을 세우는 등 그때그때의 형편에 따라 달랐다. 또한 강가 등에서 묘석으로 사용하기에 적당한 돌을 발견하면 이것을 주

[사진 5-7] '가로우토'식 묘석과 정비된 묘역
(사이타마현 지치부군 미나노정 미사와지구)

워와 글자를 새기는 일도 있었다. 그리고 이 묘석의 건립은 현재의 가로우토식 같은 조상 대대 묘가 아니라, 개인을 대상으로 하고 있다.

그러나 지금 이 지역에서 어디에서도 볼 수 있는 것이 [사진 5-7]과 같은 오하카의 광경이다. 일찍이 자연석을 이용해 건립된 것으로 생각되는 묘석 등과 나란히 그 전면 및 중앙에 '○○가(家) 조상 대대의 묘' '○○가(家)의 묘'라고 새겨진 조상 대대의 묘로서 가로우토식 묘석을 건립하는 형태이다. 이것과 함께 과거의 묘석이 콘크리트로 다져지고 모래가 빈틈없이 깔려 있다. 이것에 의해 묘역 전체가 상당히 정돈되어 보이게 되었다. 적어도 묘역 특유의 음산한 분위기가 완화된 것은 틀림없다. "묘를 깨끗이 했다"고 말해지고 있으며, 대개의 집이 이처럼 묘역을 정비하고, 조상 대대의 묘로서 가로우토식 묘석을 설치해 화장된 유골을 넣는 형식으로 전환하고 있다.

토장의 해체와 묘석의 확대

최근 3, 40년 사이에 급속히 보급된 현대적 화장의 영향은, 토장지역에서의 묘제를 시체 처리에서 유골 처리 형태로 변화시켰다. 이로 인해 매장은 거의 사라지고 비매장인 가로우토 납골로 전환되었다. 묘석 건립에서도 과거의 개인별로 계명을 새겨 건립하는 형식에서, 조상 대대의 묘명(墓銘)이 새겨진 가로우토식 묘석으로 바뀌었다. 이 경우 오하카는 죽은 다음 만들어지는 것이 아니라 생전에 이미 건립되어 있는 것이 된다.

앞에서 임의로 X형이라고 한 토장지역에서의 묘석 건립형 묘제가 현재 이러한 가로우토식 묘석에 의한 조상 대대의 묘로 전환되고 있는 것이다. 이러한 현대의 오하카, 가로우토식 묘석에 의한 조상 대대의 묘를, 이번에는 임의로 Z형이라 하자.

X형에서 Z형으로의 전환, 여기서는 우선 이것을 토장지역에서의 현대적 묘제 변용으로 단순화시켜 표현해 두고자 한다.

그러나 X형에서 Z형으로의 전환에서 변화하지 않는 유일한 현상이 있다. 이것은 양자 모두 묘석 건립형이라는 점이다. 묘석의 내용이 개인별에서 조상 대대의 묘로, 시체가 아니라 유골 처리로, 매장이 아닌 가로우토의 비매장으로 변화하고 있으나, 묘석 건립 그 자체는 변함없이 계속되고 있다.

말하자면 현대의 오하카는 앞의 제2장에서 서술했던 근세 정치지배의 영향, 근세 이후의 '장례식 불교' 침투의 잔영인 묘석의 확대 현상으로서 존재하고 있는 것이다. 그리고 반대로 이 '장례식 불교'적 요소가 침투하지 않고 승려가 관여하지 않았던 것이 시체를 매장하는 부분이었다. 구체적으로 말하면, 장식조가 무덤 구덩이를 파서 매장하고 묘상시설을 설치하는 토장의 민속사상은 급속히 해체되고 있는 것이다. 원래부터 있었던 토장, 시체 매장이 사라지고 있는 한편, 후발적으로 보급된 묘석만은 '○○가(家) 조상 대대의 묘' '○○가(家)의 묘'로 새겨진 조상 대대의 묘로 변모되어 온 것이다. 자율적 민속사상의 해체와 함께 원래는 비민속사상(非民俗事象)으로서의 근세 정치지배와 깊숙이 관계하여 생성된 사회현상이 더 한층 확산되고 있는 것이다.

민속적 화장에 의한 유골 매장

지금까지 토장지역의 묘제와 그 현대적 변용에 대한 재검토를 중심으로 논의를 전개해 왔다. 다음으로는 민속적 화장으로 볼 수 있는 것으로, 원래부터 어느 정도 들판에서 풀을 태우는 정도의 형태로 화장이 행해져 유골이 처리되어 온 지역의 묘제에 대해서도 그 현대적 변용을 포함해 간단히 확인해 보기로 하겠다.

정토진종 지역 및 동해 쪽 부근에서는 민속적 화장이 일반적이다. 이제까지 무묘제라는 용어로 일컬어진 지역의 묘제이나, 종래의 연구에서는 묘 그 자체에 주목하지 않고 정토진종 특유의 현상으로서 파악되어 그 본산 등에 유골이 납골되는 부분에 연구의 비중이 두어졌다. 그러나 실제 현실에서는 민속적 화장은 정토진종 지역에서만 행해졌던 것은 아니었다. 이러한 점을 고려해 여기에서는 정토진종과 타 종파가 혼재해 있는 지역의 민속적 화장에 의한 묘제를 일례로 들어 확인해 보기로 하자.

[사진 5-8]은 이시카와현(石川縣) 하쿠이시(羽咋市) 이치노미야정(一ノ宮町)의 묘이다. 노토 반도(能登半島)의 동해 쪽에 접한 모래언덕에 이어지는 곳에 이 묘역은 위치하고 있다. 이치노미야정과 주변의 지케정(寺家町)의 사람들은 누구나 이용할 수 있다. 묘석은 거의 건립되어 있지 않고 시체 매장지점 위에 자연석이 놓여 있는 경우가 많다. 정토진종뿐 아니라 진언종(眞言宗), 일련종(日連宗) 집의 묘도 혼재해 있고, 이 집들에서는 '산마이'(三昧)라 불리는 묘역 근처 노천 화장장에서 시체를 화장하였다. 예를 들어 일련종의 집에서는 울대뼈의 유골만을 꺼내어 집에다 모셔 두고 다른 유골은 매장했다고 한다. 그리고 신사의 신관(神官)을 세습하는 집에서는 화장은 하지 않고 매장만을 했다고 한다.

민속적 화장에서는 이처럼 화장한 유골을 매장한 뒤 자연석을

[사진 5-8] 화장지역의 묘
(이시카와현 하쿠이시 이치노미야정)

두는 형태가 많은 것으로 생각된다. 또한 정토진종 지역을 조사
한 논고 사사키 고세이(佐々木孝正)의 「묘상식수와 진종(墓上植樹
と眞宗)」(1979) 및 기무라 야스히사(木村靖久)의 「진종문도의 장송
의례(眞宗門徒の葬送儀禮)」(2002)에서는 화장한 유골을 매장하고
그 유골 매장지점에 나무를 심어 묘상식수를 하는 사례가 보고되
어 있다. 말하자면 묘석을 건립하지 않는 묘석 비건립형의 묘제
를 존재시켜 온 것이다.

이것과 관련하여 정토진종 본산 등으로의 납골에 주목한 조사
보고인 사쿠라다 가쓰노리(桜田勝德)의 『미노토쿠 산촌의 민속지
(美濃德山村の民俗誌)』(1951) 및 아마노 다케시(天野武)의 「시라야
마 산록의 묘제(白山山麓の墓制)」(1974), 마쓰히사 요시에(松久嘉

枝)의 「기후현 이비군 사카우치촌의 묘제(岐阜縣揖斐郡坂內村の墓制)」(1974), 가마이케 세이시(蒲池勢至)의 『진종과 민속신앙(眞宗と民俗信仰)』(1993) 등의 연구에서도, 화장한 후 묘석을 건립하지 않는 것이 정토진종 지역의 묘제라고 지적하고 있다. 본산 등에 납골되지 않는 잔여 유골의 취급에 대해서는 불명확한 점이 없지 않으나 어쨌든 흩어버리거나 매장된다. 묘석 비건립형으로 판단해도 틀림없을 것이다. 민속적 화장지역에서 묘제는 유골의 매장이 있는 경우와 본산 등에 납골만 하는 경우가 있으나 어쨌든 묘석을 건립하지 않는 것이다.

민속적 화장 지역은 묘석 비건립형이었다. 이런 의미에서 진토진종 지역도 타 종파의 지역과 커다란 차이는 없다고 보아도 좋을 것이다. 그리고 이러한 민속적 화장지역에서 유골처리가 중심이 되는 묘석 비건립형의 묘제를 여기에서는 임의로 Y형이라고 하자.

획일화된 '오하카'로의 전환

그러나 민속적 화장지역인 Y형의 묘제도 현재는 변화하고 있다. [사진 5-9]는 앞서 본 이치노미야정 묘역의 일부인데, 여기에 구획이 생겨 새롭게 가로우토식 묘석이 건립되고 있다. 현재는 원래부터 있었던 노천 화장장인 산마이에서 화장하는 것은 없어

[사진 5-9] 화장지역의 묘석 건립
(이시카와현 하쿠이시 이치노미야정)

지고, 행정 조치에 의해 설치된 화장시설에서 화장이 행해진다. 이 또한 새로운 가로우토식 묘석에 의한 납골을 증가시킨 한 요인이라 할 수 있다.

민속적 화장지역에서의 묘석 비건립형의 묘제도, 앞서 언급한 토장지역에서 가로우토식 묘석으로의 전환, 즉 X형에서 Z형으로의 전환과 마찬가지로 Y형에서 Z형으로 전환되고 있는 것이다. 다시 말해 토장지역의 묘제가 단묘제, 양묘제에 관계없이 Z형으로 전환하는 것과 마찬가지로 민속적 화장지역의 묘제 또한 Z형으로 현대적 변용을 하고 있는 것이다.

지금까지 묘제를 분류하기 위해 '시체/유골의 처리', '매장/비매장', '묘석 건립형/묘석 비건립형'이라는 세 가지 분류기준을 설정해 일본열도 묘제를 개관해 보았다. 〈표 5-2〉는 이 분류기준에 의한 묘제의 정리이다. 일본열도의 묘제를 복수로 정리할 필요는 없을 것이다. 크게 나누어 토장지역에서는 시체 매장에 의한 묘석 건립형의 X형, 민속적 화장지역에서는 유골 처리를 행하는 묘석 비건립형인 Y형이다. X형에서는 그 전사(前史)로서 묘석 비건립형의 상태를 예상할 수 있고, 각각 세부적으로는 다양성이 있을 수 있으나 최대공약수로 보면 이러한 형식의 분류가 가능하리라 생각한다.

〈표 5-2〉 묘제의 형식

형식	처리 형태	처리 방법	2차적 장치 (묘석)	내용
X형	시체	매장	비건립	묘석을 동반한 묘제의 전사(前史)
	시체	매장	건립	단묘제 양묘제
Y형	유골	매장	비건립	묘상 식수
	유골	비매장	비건립	무묘제
Z형	유골	비매장	건립	현대의 오하카, 가로우토식 묘석

또한 시체를 비매장의 상태로 놓아 두고 묘석도 건립하지 않는 묘제, 이른바 풍장이 고대, 중세에는 존재했던 것으로 추측할 수 있으나, 이에 대한 판단은 보류하여 일단 분류에 포함하지 않았

다. 또한 토장지역의 X형에서 화장이 보급되기는 했으나 가로우토가 완비되지 않아 유골을 흙속에 매장하는 경우가 있다. 이것은 X형에서 Z형으로의 과도기적 형태로 일단 X형의 일종으로 판단해 두고자 한다.

여기에서 가장 중요한 점은 토장지역의 묘석 건립형인 X형에서도, 민속적 화장지역의 묘석 비건립형인 Y형에서도 각각 나름대로 전승되어 온 민속사상이 해체되고 있는 가운데, 조상 대대의 묘로서 가로우토식 묘석인 Z형으로 획일화되고 있다는 점이다. 각각 나름대로의 다양성을 지니고 존재해 온 X형, Y형의 묘에서 획일적인 오하카로 전환이 이루어지고 있다.

이것이 바로 현대 오하카의 탄생인 것이다.

6
공동환상으로서의 오하카

고고학으로 보는 중세의 묘

이제까지 민속학적 조사 및 관찰에 의해 얻은 자료를 중심으로 일본열도의 묘제 및 그 현대적 변용을 분석해 왔다. 한편 최근에 묘제연구에 큰 성과를 올리고 있는 분야가 고고학이다. 특히 고고학의 정밀한 조사에 의한 연구 성과는 본 연구에도 시사하는 바가 크다. 지금까지 언급해 온 일본열도의 묘제를 다른 관점에서 재확인하기 위해서도 묘의 발굴조사 및 묘석조사에 관한 고고학적 성과를 정리해 보기로 하겠다.

우선 고고학에 의한 중세 묘의 발굴조사 성과이다.

종래 중세의 묘제에 대해서는 문헌에 의한 추측 이상을 기대하기 힘들었다. 그러나 1970년대에 들어 13세기부터 16세기에 걸쳐 옛 도토우미국 국부(舊遠江國國府) 미쓰케정(見付町)의 사람들을 매장했다고 생각되는 시즈오카현 이와타시(磐田市) 이치노타니(一の谷) 유적의 발굴조사 성과가 공표되어 중세의 묘가 어떠한 것이었는지 그 구체적 모습을 알 수 있게 되었다.

야마자키 가쓰미(山崎克巳)의 「이치노타니 중세 분묘군 유적과 그 주변(一の谷中世墳墓郡遺跡とその周邊)」(1993), 히라노 가즈오(平野和男)의 「시즈오카현의 중세 분묘의 존재(靜岡縣內の中世墳墓のあり方)」(1997) 및 가토 게이코(加藤惠子) 「이치노타니 중세 분묘군 유적(一の谷中世墳墓郡遺跡)」(1997)의 연구 등에서는 총묘(塚墓), 토갱묘(土坑墓), 집석묘(集石墓)라는 세 가지 형태로 분류되는 묘제가 존재하고 있다. '총묘'는 시체 또는 유골을 매장해 사각형으로 흙을 쌓아 구릉 모양을 만들고 그 주위를 도랑으로 에워싼 묘이다. '토갱묘'는 시체 매장지점 위를 흙으로 쌓은 묘이며, '집석묘'는 화장한 유골을 매장하고 그 위에 작은 돌을 원형이나 사각형으로 쌓은 묘이다. 토장과 화장의 구별에 대해서는 총묘에는 화장과 매장 양쪽 다 있고, 토갱묘에는 화장은 없고 시체의 매장만이 행해지며, 집석묘에서는 화장에 의한 유골의 매장만이 있다. 단 이 집석묘의 경우는 골장기(骨藏器)가 있는 것과 없는 것이 있다. 이 밖에 화장지점에서 그대로 유골을 매장하는 경우가 있다.

토장과 화장을 혼재시키면서 시체 또는 유골을 매장하는 것이 이치노타니 사람들의 묘였다. 거기에는 묘석은 건립되어 있지 않았다.

고고학의 발굴조사에 의하면 중세의 묘제는 토장과 화장의 양쪽이 행해져 시체 매장과 유골 매장이 병존하고 있다. 즉 묘석 비건립형으로 존재하고 있는 것이다.

그려진 중세의 묘

이러한 고고학의 발굴조사의 성과는 12세기의 『아귀초지(餓鬼草紙)』에 그려진 [그림 6-1], [그림 6-2]와 같은 묘지 풍경에 의해서도 그 타당성이 뒷받침된다. 묘역을 서성거리는 아귀를 그린 [그림 6-1]에는 다섯 기의 묘가 있고, 묘역 주위 분뇨의 못을 서성거리는 아귀를 그린 [그림 6-2]에는 흙을 쌓은 모두 세 기의 묘가 보인다. 이들 중 [그림 6-1]의 맨 오른편에 '도바(塔婆)'가 건립된 것과 맨 왼편에서 앞쪽에 오륜탑(五輪塔)이 세워진 것, [그림 6-2]의 한가운데 뒤편에 도바가 건립된 것에는 작은 돌 같은 것이 쌓여 있다. 이는 고고학 발굴조사에서의 집석묘로 판단된다. 또한 작은 돌이 쌓여 있지 않은 다른 흙무덤은 토갱묘로 판단된다. 이에 대해서는 13세기의 『일편상인회전(一遍上人繪傳)』의 권5에 잇펜(一遍) 대사가 조부(祖父) 고노 미치노부(河野通信)의 묘를 방문하는

[그림 6-1] 『아귀초지(餓鬼草紙)』에서의 묘의 풍경. 시체에 다가가는 아귀
    (도쿄국립박물관 소장)

[그림 6-2] 『아귀초지(餓鬼草紙)』에서의 묘의 풍경. 분뇨의 못
    (도쿄국립박물관 소장)

장면이 있고, 거기에 그려진 묘는 단지 흙무덤이 있는 것에 지나지 않으므로 이것도 토갱묘로 간주할 수 있지 않을까 생각한다.

[그림 6-1]은 시부사와 게이조(渋沢敬三) 편,『'에마키물'로 보는 일본상민생활(繪卷物による日本常民生活繪引)』제1권(1965)에 들어 있어, 미야모토 쓰네이치(宮本常一)가 이를 해설한 이후 널리 알려진 그림이다. 여기에서는 매장되어 있지 않은 시체와 흩어진 유골은 없기 때문에 이것이 현실을 있는 그대로 반영하고 있는지의 여부를 확정하는 데 조금 조심스러운 부분이 있다. 일단 이 그림으로 판단하자면, 시체 '유기'(遺棄)를 확인할 수 있다. 단순한 시체 '유기'일 가능성이 많으나, 매장을 하지 않는 풍장이 거기에서 행해졌을 가능성도 있어 어느 쪽인지는 이 그림만으로는 단정하기 힘들다. 그러나 적어도 중세에는 시체 '유기' 또는 풍장이 존재하고 있었다는 것을 이 그림이 보여 주고 있는 것만큼은 확실하다.

이처럼 중세의 묘는 시체 매장이든 유골 매장이든, 시체나 유골 매장지점 위에 흙무덤을 만드는 형식을 취하면서도(흙무덤 위에 塔婆, 五輪塔가 두어지는 경우도 있다), 묘석은 건립하지 않는다. 또한 비매장에 의한 시체 '유기' 또는 풍장이 행해진다고 가정한 경우에도 거기에 묘석은 건립되어 있지 않다.

앞에서도 묘석의 발생이 근세 이후라는 점을 반복해 지적했다. 이 점은 고고학에 의한 중세 묘의 발굴조사, 그리고, 중세의 그림인 에마키물(繪卷物) 등을 통해서도 동일하게 확인할 수 있다.

고고학으로 보는 근세의 묘

근세 도시 에도(江戸)에 한정되어 있기는 하나, 고고학의 발굴 조사는 근세의 묘에도 진행되어 있다.

예를 들어보자. 현재의 도쿄도(東京都) 신주쿠구(新宿區) 와카바(若葉) 3가에, 17세기 중반부터 1875년까지 황벽종(黄檗宗) 원응사(圓應寺)라고 하는 작은 절이 있었다. 조사보고서인 신주쿠구 후생부 유적조사회(新宿區厚生部遺跡調査會) 편, 『원응사적(圓應寺跡)』에 의하면, 에도의 주변부에 위치하여 그다지 크지 않은 절들이 밀집해 있는 지역에 있던 그 경내 묘지는 다음과 같은 것이었다.

묘역은 크게 A지구와 B지구로 나눌 수 있다. 단가(檀家)의 묘역으로 추정되는 A지구에서는 합계 40기의 매장 유구(遺構)가 있고, 비단가(非檀家)로 추정되는 B지구에서는 합계 49기의 매장 유구가 발굴되었다. 그중 A지구에는 규칙적으로 매장이 행해져 있으나, B지구에는 불규칙적으로 행해진 매장이 보인다고 한다.

특히 이곳 경내 묘지의 발굴조사 보고자가 주목하고 있는 것은 비단가 지구인 B지구이고, 보고자는 이것을 '묘석 없는 묘지'라는 이름을 붙였다.

협소한 공간에 중복 매장되어 부장품은 거의 없고, 허술하게 만든 관에 들어가 있으며, 성인 남자가 압도적으로 많다. 이것으로 에도에 유입된 서민의 매장 실태를 엿볼 수 있었다고 말한다. 그리고 목제의 '소토바'(卒塔婆)[25]는 있으나, 묘석은 없다. 이른바 '집어던져진' 것과 마찬가지로 매장이 행해졌던 것이다.

니시키 고이치(西木浩一)의 논고 「장송묘제로 본 도시 에도의 특질(葬送墓制からみた都市江戶の特質)」(1998)도 근세 후기 이후의 도시 서민의 생활 실태를 확인할 수 있게 해 주나, 묘의 연구를 행하는 관점에서 보면 비단가는 '집어던져진' 상태이며, 묘석 비건립형이라는 점이 중요하다. 물론 사단제도가 철저하였던 근세사회이기 때문에, 여기에서의 피매장자도 분명히 어딘가의 단가에 속해 있었을 것이다. 그러나 필시 단신으로 에도에 들어와 거기서 사망함에 따라 본래의 단가 절과는 단절되어 단가 절이 아닌 원응사에 매장되었을 것으로 추측된다.

단순화하여 도식화하자면, '비단가(非檀家)＝묘석 비건립형', '단가(檀家)＝묘석 건립형'이라는 것이 된다. 그리고 후자 계열이야말로 근세 사단제도(寺檀制度)하에서의 일반적 형태이고, 오하카는 여기에 해당한다. 다시 말해 '집어던져진' 상태의 피매장자는 오하카로부터 벗어나 있는 것이 된다.

25. 앞서 나온 탑파(塔婆)와 같은 의미.

각주형(角柱形) 묘석의 탄생

또한 근세고고학은 매장을 둘러싼 발굴조사만이 아니라, 묘석에 대해서도 면밀한 묘석조사 결과를 제출하였다.

근세고고학의 묘석조사로는 쓰보이 료헤이(坪井良平)의 논문 「야마시로 기즈 총묘 묘표의 연구(山城木津總墓墓票の硏究)」(1939)가 있다. 쓰보이가 제출한 형식 분류는 현재도 근세고고학에서 묘석조사의 기초로 사용되고 있다. 쓰보이는 3,350개에 이르는 묘석을 조사한 결과를 발표하였다.

그는 묘석을 그 형식에 따라 '불상류(佛像類)', '배광형류(背光形類)', '첨두형류(尖頭型類)', '방주형류(方柱型類)', '오륜탑류(五輪塔類)', '무봉탑류(無縫塔類)(=난탑卵塔類)'의 여섯 종류로 분류하고, 이들 중 비교적 그 수가 적은 '불상류', '오륜탑류', '무봉탑류(=난탑류)'는 근세를 통해 산발적으로 보이나, '배광형류', '첨두형류', '방주형류'에 대해서는 일정의 연대적 특징이 있다는 점을 발견하였다.

불상과 같이 광배(光背)가 있는 나무비석 모양[板碑狀]으로 경문(經文)이나 개인의 계명(戒名)이 새겨진 배광형류와, 윗부분이 삼각형으로 뾰족하게 솟은 나무비석 모양으로 되어 있는 첨두형류가, 근세 전기부터 중기인 17세기에서 18세기 초반까지 많았다. 그 후 각주형(角柱型)인 방주형류가 서서히 증가하여, 근세 후기 이후 묘석의 중심은 이 방주형류라고 한다. 이 방주형류도 윗부분에 우산 형태가 붙어 있거나 가래떡[26]처럼 휘어져 있는 것 등 더욱 세세한 분류가 행해져 있으나, 이것이 현재 일반적으로 보이는 각주형 묘석의 원형이라고 한다.

쓰보이의 지적에서 주목해야 할 점은, 근세 전기 및 중기의 배광형류에는 묘석 하나하나마다 계명이 한 명인 것에 반해, 방주형류가 늘어나는 근세 후기 이후가 되면 하나의 묘석에 복수의 계명이 새겨진 묘석이 증가한다는 것을 발견한 점이다. 쓰보이는 "이것은 하나의 묘석을 가지고 조상 대대의 묘를 대표하는 근대 묘석의 풍조를 낳은 원인이 되었다"라고 지적한다. 그는 하나의 묘석에서 여러 명의 사자제사(死者祭祀)를 행하는 현대식 조상 대대 묘로서의 각주형 오하카의 원형을, 근세 후기 이후에 보급된 방주형류 묘석과 복수의 사자제사에서 보았던 것이었다.

근・현대까지를 포함한 고고학의 묘석조사

근세고고학의 묘석조사는 1930년대 쓰보이의 선구적 조사 이후 한동안 공백 기간을 거친 후, 1970년대부터 1980년대 이후 다시 활발해지기 시작한다. 조사지역도 간토(關東), 간사이(關西), 규슈(九州) 지방 등에서 풍부한 조사자료를 축적하였다. 근세고

---

26. 원저에는 '어묵'으로 되어 있음.

고학의 경우, 연구자에 따라 묘석의 호칭에 미묘한 차이가 있는 탓에 전문가 이외의 사람이 상세한 분석을 하기에는 어려운 점이 있으나, 전체적 경향에서는 다음과 같이 정리할 수 있다.

간토 지방의 경우, 가와노 신지로(河野眞知郎)의 조사보고 「나카노키의 묘석탑 조사(中野木の墓石塔調査から)」(1978), 다니가와 아키오(谷川章雄)의 「근세 묘탑의 형태 분류와 편년에 대하여(近世墓塔の形態分類と編年について)」(1984), 「근세 묘표의 유형(近世墓慓の類型)」(1988), 「근세 묘표의 변천과 가족의식(近世墓慓の變遷と家意識)」(1989) 등에 의하면, 근세 전기부터 중기에 걸쳐 나무비석형(板碑型), 광배형(光背型)의 묘석이 많으나, 근세 후기 이후는 방주 모양(方柱狀)의 묘석이 지배적이어서, 묘석 하나에 복수의 사자제사를 동시에 모시는 것이 증가해 가고, 각 집을 단위로 하는 조상 제사로서의 묘석이 성립되어 가지 않았을까 하고 지적한다. 그리고 이 방주 모양 묘석의 보급에서 조상 대대 묘의 원형을 볼 수 있다고 한다.

최근 근세고고학의 묘석조사는 근·현대까지를 포함해 확대되고 있다. 도키쓰 유코(時津裕子)의 후쿠시마현 아키즈키(秋月) 지방 묘석조사보고서 「근세 이래 분묘의 형식학적 연구(近世以降の墳墓の型式學的研究)」(1998)에 의하면, 윗부분이 태두형 및 첨두형으로 된 방주 모양의 묘석이 근세 후기 이후에 출현하였고, 현재 오하카로 인식되어 있는 윗부분이 평탄한 각주형 묘석은 1900년대에서 1920년대까지 20세기에 들어와서부터 나타났다고 지적되

어 있다. 각주형의 오하카는 아키즈키(秋月)의 경우 근·현대사회
에 이르러 형성된 것이었다.

또 시라이시 다이치로(白石太一郎)·기무라 지로(木村二郎) 편,
『국립역사민속박물관 연구보고 제111호 야마토의 중세, 근세 묘
지의 조사(國立歷史民俗博物館硏究報告 第111號 大和における中·
近世墓地の調査)』(2004)가 보고한 1991년의 묘석을 하한선으로 한,
나라현 우다시 우타노구 뉴다니 묘지(奈良縣宇陀市菟田野區入谷墓
地), 나라시 쓰게하야마정 도사카 묘지(奈良市都祁吐山町ドサカ墓
地), 춘명원 묘지(春明院墓地), 무시로덴 묘지(ムシロデン墓地), 나
라현 가쓰라기시 히라오카 극락사 묘지(葛城市平岡極樂寺墓地),
덴리시 나카야마 염불사 묘지(天理市中山念佛寺墓地) 등의 묘석조
사의 성과도 크다. 이들의 연구에 의하여 방주 모양의 머리 부분
이 둥글게 된 형태의 묘석이 17세기 말부터 출현하고, 이것이 18
세기부터 19세기 전반에 걸쳐 묘석의 중심을 점해, 이윽고 19세
기에 들어와 윗부분이 태두형 및 첨두형으로 된 방주 모양〔方柱
狀〕의 묘석이 출현하고, 20세기에 들어와 현재까지는 윗부분이
평탄한 각주형 묘석이 일반적이 되었다는 것이 확인되었다.

[그림 6-3]은 이 조사보고자가 히라오카 극락사 묘지(平岡極樂寺
墓地)의 2,059개에 이르는 묘석을 형식 분류하고, 그 가운데 시대
를 알 수 있는 것을 연대별로 정리한 것이다. 전체적 경향으로서
는 근세 후기 이후 방주형 묘석이 등장하고, 근세 말부터 근대에
걸쳐 윗부분이 태두형 및 첨두형인 방주 모양의 묘석을 거쳐, 윗

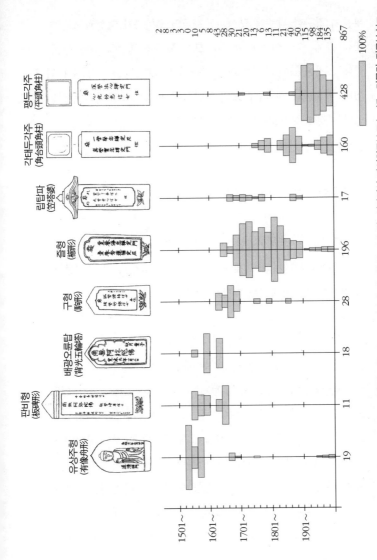

[그림 6-3] 히라오카 극락사 묘지 편년별 묘석 형식. 요시자와 사토루(吉澤悟) 작, 시라이시 다이지로(白石太一郎) · 기무라 지로(木村二郎) 편, 『國立歷史民俗博物館硏究報告 (第111號) 大和における中 · 近世墓地の調査』(2004年 2月, 國立歷史民俗博物館)

부분이 평탄한 각주형 묘석, 즉 지금의 오하카가 형성된 것이다. 또한 근세 후기 이후에 서서히 묘석 하나에 복수의 사자제사를 지내는 것이 늘기 시작함과 동시에 조상 대대의 묘도 보이게 되었다. 이로써 조상 대대 묘의 일반화가 20세기에 들어와 생성되었다는 것이 수적으로도 논증된다.

공동환상으로서의 오하카

다음으로는 지금 정리한 고고학의 성과를 포함해, 현대의 오하카가 형성되기까지의 묘제 역사를, 묘석의 발생과 그 추이를 관련시키며 간단히 정리해 보기로 하자.

일본의 묘제는 토장이든 화장이든 중세까지는 묘석 건립이 없는 묘석 비건립형이었으나, 근세의 사단제도(寺檀制度), 장례식 불교로서 민중에 불교가 침투하는 과정에서 서서히 묘석 건립형으로 바뀐다. 이 묘석도 근세 전기, 중세까지는 광배형 등이 많았으나, 근세 후기 이후는 방주 모양의 묘석이 증가하였다. 이 방주 모양 중 하나로 근·현대 사회에 크게 발전해 온 것이 현대의 오하카로서 일반적으로 인식되고 있는 각주형 묘석이었다. 그리고 이 오하카로서 각주형 묘석의 일반화와 거의 동시 병행적으로 묘석 하나에 복수의 사자제사를 모시게 된다. 이것을 계기로 '○○가(家) 조상 대대의 묘' '○○가(家)의 묘'라고 새긴 조상 대대의 묘가 정착해 온 것이다.

말하자면 오하카로서 인식되어 있는 이 각주형 묘석은 물론 중세에는 존재하지 않았고, 근세에 발생한 묘석의 발전 형태인 것이었다. 근세사회와의 연속성상에 있기는 하나, 근·현대사회에서 형성되어 온 것이고 또한 현재진행형이다. 이와 같이 오하카를 둘러싼 역사적 현실을 검토해 보면, 오하카는 전근대적 잔존물이 아닐 뿐 아니라 전통이라고 할 수 있을 정도의 오래된 생활습관도 아니라고 할 수 있다.

오하카가 점점 바뀌어 가고 있다고 지적하는 사람이 있다. 한편 조상 대대 묘로서 각주형 묘석을 부정하여 이에 대신할 어떠한 새로운 양식을 구하려는 사람도 있다. 이러한 논의 자체를 부정하려는 것은 아니지만, 이러한 논의의 전제에는 오하카를 아주오랜 옛날부터 계속되어 온 전통적 생활습관으로 보는 고정관념이 있는 것으로 보인다. 그러나 그 논의의 전제인 이러한 '인식' 자체에 바로 문제가 있었다고 여겨진다.

반복되기는 하지만, 여기서 다시 한 번 확인해 두기로 하자. 오하카는 근·현대에 형성되어 온 사회현상이고, 또한 이것은 현재도 지속되어 우리를 에워싸고 있다. 전통적 생활습관이라고 인식하고 있으나, 사실은 그렇지 않다.

이러한 사회현상에 근거해 조상 대대의 묘로서 각주형 묘석을 오하카라고 하는 일반적 상식 그 자체에 대해서도 전통적인 것이 아니라 근·현대적 관념이라고 할 수 있을 것이다. 이 근·현대

적 관념에서는 묘석을 제사의 대상으로 삼는다는 점이 두드러진
다. 이것은 가령 토장의 단계에서는 시체 매장지점이 아닌 묘석
을, 현대식 화장에 의한 가로우토식 묘석의 경우에는 '오하카'라
고 인식되어 있는 묘석을 제사의 대상으로 삼아 온 것이다.

토장의 단계에서의 성묘는, 죽은 사람의 시체에 대해서가 아니
라 그 아래에 아무것도 없는 석제(石製)의 물체, 즉 묘석에 대한 성
묘에 지나지 않았다. 또한 현재 화장한 유골을 가로우토에 넣는 조
상 대대의 묘로서 각주형 석탑의 경우도, 성묘의 대상이 되는 것은
묘석 하부의 유골을 납골하는 가로우토가 아니라 그 상부의 각주
형 묘석인 것이다. 현실에서는 시체 및 유골 자체에 대해서가 아니
라, 공동환상(共同幻想)이라고도 할 수 있는, 즉 모든 사람이 오하
카라고 굳게 믿고 있는, 석제의 물체에 대해 성묘를 행하고 있다.

게다가 이것이 적어도 전통적 생활습관이거나 전근대적 잔재
라면 그나마 이해할 수 있겠으나, 그러한 것이 아니라 지금까지
지속되는 근·현대적 사회현상으로서, 이른바 합리적이라고 일
컬어지는 현대사회를 에워싸고 있기 때문에 더욱 이해하기 어려
운 것이다.

상품 가치가 발생한 오하카

그리고 지금 이 오하카의 대부분은 석재산업 업계에 의해 공급

되고 있다. 앞서 자연석을 주워 와 묘석으로 했던 예를 소개하였으나 지금도 그렇게 하는 사람은 거의 없을 것이다. 석재가 상당한 고가임은 말할 필요도 없으나 그래도 구입하여 오하카를 만들고 있다.

그렇다면 오하카는 어떻게 우리들의 손에 들어오는 것일까?

일본열도의 오하카는 1990년대 이후, 생산 거점이 중국으로 옮겨지고 나서는 급속히 중국제 제품의 시장점유율이 늘고 있다. 제품으로서 오하카를 가공하기 위한 원자재인 석재도 중국 원산이 대부분이다. 나카에 요(中江庸) 편, 『석재산업연감 2004년판(石材産業年鑑2004年版)』에 게재된 최신 통계에 의하면 전 제품 28만 개 중 86.4%가 중국제라고 한다. 즉, 지금 대다수의 오하카는 중국에서 수입한 것이다. 일본산은 13.6%에 지나지 않는다.

대부분 오하카로 사용되는 화강암 제품의 수입 금액 추이 또한 이를 뒷받침한다. 〈표 6-1〉은 1991년부터 2003년까지 3년 주기로 화강암 제품을 수입하고 있는 주요 국가와 지역에 대해 그 금액 및 점유비율을 일람표로 나타낸 것이다. 1990년대 이후 중국산 제품 수입이 급속히 증가되어 2000년 이후는 총수입액의 90%를 넘고 있다.

이러한 중국산 제품에 의한 시장의 점유, 중국산 제품에의 의존도 상승은 일본의 석재산업 업계에도 커다란 변화를 초래하고 있다. 앞에서 살펴본 『석재산업연감 2004년판』에 의하면 오하카는 아직 고가이기는 하나, 가격파괴가 일어나 염가판매 경쟁이

〈표 6-1〉 화강암 제품 수입통계(금액·퍼센트)

	1991년	1994년	1997년	2000년	2003년
한국	28,681,940 (48.4%)	16,629,431 (32.8%)	8,811,234 (11.2%)	1,992,668 (3.0%)	591,0987 (0.8%)
중국	5,916,166 (10.0%)	24,993,407 (49.4%)	60,355,461 (76.7%)	60,228,890 (90.1%)	3,012,330 (95.5%)
대만	1,410,737 (2.4%)	361,732 (0.7%)	996,920 (1.3%)	530,386 (0.8%)	214,628 (0.3%)
인도	2,488,180 (4.2%)	2,743,699 (5.4%)	3,001,671 (3.8%)	1,325,417 (2.0%)	1,197,048 (1.6%)
이탈리아	17,208,461 (29.0%)	3,946,338 (7.8%)	2,988,965 (3.8%)	1,404,234 (2.1%)	897,876 (1.2%)
그 외	3,556,885 (6.0%)	1,957,892 (3.9%)	2,530,125 (3.2%)	1,339,957 (2.0%)	559,426 (0.7%)
합계	59,262,369	50,632,499	78,684,376	66,821,552	76,472,406

* 나카에 요(中江庸), 『석재산업연감 2004년판(石材産業年鑑2004年版)』, 〈표 3〉 「화강암제품의 13년간 수입추이(금액)」에서 발췌.

치열해졌다고 한다. 죽음을 둘러싸고 가격을 흥정하는 것은 적어도 표면적으로는 터부였다. 그러나 다른 일반적 상품과 마찬가지로 오하카도 염가판매가 가능한 보통의 상품으로 변질되고 있는 것이다. 이에 따라 고객 획득을 위한 장례업자 간의 경쟁도 보다 치열해지고 있다.

현대 일본에서 인간과 죽음의 관계, 특히 구체적으로는 오하카라는 공동환상으로 나타나는 그 관계는 석제 물체에 대한 경배로서만이 아니라, 자본주의 경제하에서 상품 가치를 초래한 석제 물체에의 경배로서도 존재하고 있다고 볼 수 있다. 가공되기 이전, 중국 대륙에서 잠들고 있던 상태의 화강암은 단지 자연물인 암석에 지나지 않았다. 이것이 채석되어 원자재로서 상품 가치가 주어지고 가공됨에 따라 그 상품 가치를 높여 일본열도에 찾아왔다. 이런 식으로 상품 가치가 생성된 오하카는 지금 일본을 석권하고 있다.

토장지역이든 민속적 화장지역이든 과거부터 존재했던 민속적인 묘제는 해체되고 있으며, 이를 대신하여 각주형 묘석에 의한 조상 대대의 묘가 현대의 오하카로 획일화되고 있다. 오늘날 오하카의 획일화와 상품 가치화는 떼려야 뗄 수 없는 관계에 놓였다. 이것이 현대의 오하카의 탄생이다.

제**4**장

요절자의 묘와 '오하카'

7
아이의 묘

사자(死者)에 따른 묘의 차이

지금까지의 논의에서 묘라고 지칭한 것은 흔히 볼 수 있는 죽은 어른의 묘를 염두에 둔 것이었다. 그러나 현실에는 인간의 죽는 방식 또한 다양하다. 여느 사람처럼 나이가 들어 방 안에서(지금은 병원 침대에서) 죽은 사람만 있는 것은 아니다. 어딘가에는 아무도 모르는 곳에서 죽은 사람, 원한을 품고 비업(非業)의 죽음을 당한 사람도 있을 것이다. 또한 어른이 되기도 전 청년기에, 아동기에, 또는 모친의 태내에서 태어나기 전후에 생명을 잃은 영아

(嬰兒)도 있을 것이다.

사자(死者)에도 다양성이 있다. 위생과 치료가 발달한 지금은 죽은 사람의 존재가 다양하다는 것에 대해서 생각하지 않으려는 경향이 있지만, 시대를 거슬러 올라갈수록 죽은 사람의 모습 및 죽는 방식도 다양한 형태가 있었으리라 생각된다.

사자의 다양성은 현실의 묘와 어떠한 관계가 있을까? 사자에 다양성이 있다는 것은 그것과 대응하여 묘에도 다양성이 있었을 가능성을 낳는다. 앞에서는 토장지역 또는 민속적 화장지역과 같은 지역성에 따른 장법(葬法)의 차이가 있다는 데에서 비롯하여, 일본열도에는 다양한 묘제가 존재해 왔다는 것에 대하여 언급하였다. 그리고 이러한 현상에서 나아가 현대의 오하카로 점차 획일화되고 있다는 것을 지적하였다.

이 장에서는 이러한 지역성이 아니라, 사자의 다양성과 관련하여 묘의 다양성을 확인해 보고자 한다. 본디부터 존재하였던 사자의 다양성에 대하여 우리는 관심을 가지지 않았던 경향이 있기 때문이다. 나아가 사자의 다양성이 현대의 오하카 탄생에서 어떠한 형태를 취해 왔는지를 확인해 보고자 한다.

일찍이 일본 사회가 1910년대까지 높은 영유아사망률을 지속해 오다가 1920년대부터 1930년대를 기점으로 비로소 감소하게 되었을 정도로 다산다사(多産多死)사회였다는 점을 이해하고, 영유아의 묘는 어떠한 형태로 존재하였는지를 우선 확인하고자 한다. 다양한 사자 중 개별적 경우에서는 차이가 많겠으나, 무엇보다 수적으로 많았다고 추측되는 영유아의 묘를 살펴보기로 하겠다.

그런 연후에 이 또한 보통의 사자와는 크게 다르기는 하나, 일본 사회에 다수 존재하는 전사자의 오하카에 대해 확인해 보기로 하겠다. 일반적으로 죽음에 대해서는 오하카가 연상된다. 한편 지금 전사자의 죽음은 야스쿠니신사(靖國神社)와의 관련에서 연상되기 쉽다. 그러나 야스쿠니신사는 오하카는 아니다. 또한 전사자에게도 오하카는 존재한다. 전사자에 대해서는 야스쿠니신사로부터가 아니라, 다른 사자와 마찬가지로 오하카로부터 고찰할 필요가 있다.

이 장에서는 보통과는 다른 사자의 존재 중에서 우리들이 가장 떠올리기 쉬운 영유아 및 전사자의 예를 들어 그들의 묘 또는 오하카가 어떠한 것이었는지 확인해 보기로 하자.

영유아(嬰幼兒)의 묘

영유아의 묘에 대하여 먼저 살펴보기로 하자.

[사진 7-1]은 시즈오카현 이즈 반도(伊豆半島)의 어느 산촌에서 한 할머니가 오본 때 성묘를 하고 있는 모습이다. 이 지역에서는 오본 때의 성묘에는 묘석 앞에 붓순나무[樒]를 두고 선향(線香)을 피우는 것 이외에 경단(團子)을 바친다. 각각의 묘석에 선향을 피

[사진 7-1] '오본'의 성묘 모습

[사진 7-2] 아이의 시체 매장지점에 경단을 바친다.
(시즈오카현 이즈 지방)

우고 경단을 바친 후 성묘를 행한다. 그러나 이 할머니는 이 외에
도 [사진 7-2]와 같이 묘석 뒤의 좁은 공간에 가서 그곳의 평평한
지면 위에 붓순나무를 세우고 경단을 바친다. 할머니의 설명은
다음과 같다.

이곳은 유산되어 태어나지 못한 영아의 시체를 묻는 곳인데,
아이가 태어났더라면 이 할머니의 손녀가 되었을 것이었다. 할머
니의 며느리가 작은 사고로 유산을 하였는데, 영아의 시체로 보
아 여자아이였음을 판명할 수 있었다고 한다. 그러나 장의는 행
하지 않고 이 집 묘역의 묘석 뒤에 매장한 것이었다.

[사진 7-3]은 야마나시현 후지천 중류 부근 어느 마을에 있는 유
아의 묘이다. 상당히 오래된 것이라고 한다. 조그맣게 흙을 쌓은
가운데 낫이 꽂혀 있다. 다른 지역에서는 어른 묘의 시체 매장지
점 위에 낫을 꽂는 경우가 많으나, 이 마을에서는 어린아이의 시
체 매장지점 위에만 낫을 꽂아 놓는다. 현재는 낫만이 남아 있으
나 어린아이의 묘를 만들 때는 이러한 '낫 세우기'를 하고, 그 주
위에 얇은 나무기둥을 세우고 그 위에 간단하게 삼나무 껍질로
된 지붕을 얹는다.

어린아이의 묘는 어른의 묘와는 분명히 다르다. 묘상시설을 설
치하는 방법이 다를 뿐 아니라, 어린아이의 묘에는 묘석이 건립
되지 않는 것이 대부분이다. 지금 여기서 본 사례도 그러하다. 시
체를 매장하고 있기는 하나, 묘석 비건립형이다. 또한 어린아이의
경우는 장법도 간단하다. 어린아이의 시체는 특별히 관을 만들지

[사진 7-3] 아이의 묘
    (야마나시현 후지천 중류 지역)

않고 나무로 된 귤 상자나 사과 상자 등으로 대용한다는 말을 자주 들을 수 있었다. 장의(葬儀)도 마찬가지여서 근친자에 의해 간단히 행해지는 정도로서 승려가 독경을 행하는 경우도 없다고 전해진다.

영아(嬰兒) 시체의 매장

이러한 어린아이 묘의 전형적인 예로서 출산 전 유산으로, 또는 출산 직후의 단계에서 죽은 영아의 묘가 어떠한 것이었는지를 살펴보기로 하자.

다음에 소개하는 것은 가쓰라마타 사부로(桂又三郎)의 『오카야마현의 임신·출산·육아에 관한 민속자료』(『岡山縣下姙娠出産育兒に關する民俗資料』)(1936)라는 민간 인쇄물의 「사산(死産)·조산(早産)·유산(流産)」이라는 항목이다. 현대식으로 재작성해 요약하면 자료의 생생함과 정확함이 결여될 가능성이 있으므로 조항별로 쓰인 원문을 그대로 나열하기로 한다.

1. 유산을 역(疫)이 떨어졌다고 한다. (오다군 니야마촌)

2. 임신중 높은 곳에 손을 올리면 조산한다고 한다. (오카야마시 하마노)

3. 유산 등의 경우 형태가 없으면 항아리에 버린다. (고지마군 고조시)

4. 유산했을 경우 태아는 변소에 버리고, 사산했을 경우 영아 사체를 자기네 묘지에 묻는다. (아사쿠치군 쓰라지마정)

5. 유산했을 경우 태아는 마루 아래에 묻고, 사산했을 경우 영아 사체를 묘지에 묻는다. (구메군 다쓰카와촌)

6. 사산, 유산 모두 마루 아래에 묻는다. (아테쓰군 오사카베정)

7. 사산은 집의 처마 밑에 묻는다. (오다군 가나우라정)

8. 사산은 남자아이의 경우는 집 입구의 안쪽에, 여자아이는 입구의 바깥쪽에 묻는다. 또는 처마 밑에 묻는 경우도 있었다. (오다군 니야마촌)

9. 사산했을 경우 옛날에는 집 밖에 나가면 태양의 벌을 받는다

고 하여 나가면 안 된다는 금기가 있었기 때문에 디딜방아의 밑에 묻었다. (아테쓰군 가미이치촌)

10. 사산은 옛날은 마루 아래에 묻었으나, 현재는 자기 집 소유의 묘지에 묻는다. (아테쓰군 고지로촌)

11. 사산, 유산은 더러워진 물건 버리는 곳에 묻었다. (쓰쿠보군 하야시마정)

12. 출산 후 이레째 밤까지 죽은 영아 및 사산은 마을의 공동묘지 (과거에 '무소바ムソバ'라 불리운 곳)에 묻었다. 이 묘지는 타국에서 변사체로 죽은 사람, 개나 고양이 등 후에 추선 공양을 받을 수 없는 사람 및 동물을 묻는 장소이다. 여기에는 중앙에 '나무묘법연화경'이 새겨진 비석이 건립해 있다. 또한 주위에는 잡초가 무성하며 그 사이에 무연불(無緣佛)의 돌이 곳곳에 있다.

남자아이의 영아는 쥘부채와 함께 묻는다. 그 위에 돌을 두고 [그림 7-1]과 같이 '오가미하지키'라고 하여 그 주위를 쪼갠 대나무로 울타리를 만든다. 거기에 선향(線香)을 피운 뒤 동전을 던지고 돌아온다. 여자아이의 경우는 국자와 함께 묻는다.

13. 옛날은 사산의 경우 거적이나 돗자리 등에 싸서 마을의 경계지역의 강에서 흘려보냈으나, 지금은 자기 집 묘지에 묻는다. (미쓰군 요코이촌)

14. 옛날에는 거적에 싸서 강에 흘려보냈으나 지금은 자기 집 묘지에 묻는다. (오카야마시)

15. 사산은 자기 집 묘지에 묻는다. (아사쿠치군 구로사키촌, 아

사쿠치군 요리시마촌, 아카이와군 다카쓰치촌, 와케군 야마다촌, 와케군 미쓰이시정, 아이다군 니시아와쿠라촌)

황태자(현 천황)의 탄생을 기념하여 1934년에 설립된 애육회(愛育會)는 그 사업의 일부로서 일본열도 전역에 걸친 출산 산육 민속조사 자료의 수집을 민속학자 야나기타 구니오에게 의뢰하였다. 야나기타는 문하생인 하시우라 야스오(橋浦泰雄)에게 이를 담당할 것을 지시하였고, 애육회를 통해 각 도, 부, 현(道府縣)에 자료 수집을 의뢰하였다. 『오카야마현의 임신·출산·육아에 관한 민속자료』는 그 당시 오카야마현에서 자료수집을 의뢰받은 가쓰라마타 사부로가 정리한 것이었다. 수집된 자료 결과가 공간(公刊)된 것은 약 40년 후인 1975년으로 현재 이것은 은사재단 모자애육회(恩賜財團母子愛育會)에서 편찬한 『일본 산육습속 자료집성(日本産育習俗資料集成)』으로서 누구든지 직접 확인할 수 있다.

옥내에 매장된 영아 시체

영아의 시체는 어디에 매장하였을까?

마루 밑(5, 6, 10)
처마 밑(7, 8)

봉당(8, 9)

묘역(4, 5, 10, 12, 13, 14, 15)

변소(4)

강에 흘려보낸다.(13, 14)

그 밖(11)

영아 시체의 매장지점을 살필 때 우선 주목할 것은 그 장소가 마루 밑, 처마 밑, 봉당(8, 9의 예를 봉당으로 봄) 등 옥내라는 점이다. 현대인의 감각에서 보면 분명히 기묘할 것이다. 엄밀히 말하면 이것들을 매'장'(埋葬)으로 분류하는 것에 대하여 의문을 제기할 수도 있겠으나, 일단 매장이라고 판단해 두기로 하자. 아울러 주의해서 살펴보아야 할 점은 영아 시체를 강에 흘려보내는 경우가 있다는 점이다. 이에 대해서도 이를 수'장'(水葬)으로 분류할 수 있을지 어려운 문제이기는 하나, 이것도 일단 장법의 하나로 판단해 두고자 한다.

이처럼 시체유기와 별반 다를 것 없어 보이는 마루 밑, 처마 밑, 봉당에의 매장, 강에 흘려보내는 행위가 있는 한편, 묘역 매장도 행해지고 있다. 현대적 감각에서 보면 묘역 매장만이 정상적인 것으로 보일 것이다. 영아 시체의 묘역 매장에서 주목할 점은 이전에는 마루 밑에 묻었으나 '지금은 자가의 묘지에 묻는다'(10), 이전에는 강에 흘려보냈으나 '지금은 자가의 묘지에 묻는다'(13, 14)라는 기술이 보이는 부분이다. 액면 그대로 읽으면, 영아 시체

[그림 7-1] '오카미 하지키'
(オーカミ ハジキ)

의 묘역 매장은 이 자료의 수집이 행해진 1930년대 중반의 단계에서는 새로운 현상이었고, 그 이전에는 마루 밑, 처마 밑, 봉당에의 매장, 강에 흘려보내는 행위 등이 일반적이었다는 것을 추측케 한다.

또한 영아 시체의 묘역 매장일 경우 '무소바'라고 불리는 공동묘지에 매장하였다는 기술(12)에도 주의할 필요가 있다. 무소바는 '타국에서의 변사체나 개나 고양이 등 그 당시에만 명복을 빌어 주고 이후에는 애도하지 않는 것들을 묻는 장소'이다. 거기에 유아 시체도 매장되어 있다. 이곳에 함께 묻힌 영아 시체와 변사체는 인간이지만, 개나 고양이 등과 동일한 묘역에 매장되어 있다. 그리고 유아 시체의 매장지점에는 [그림 7-1]과 같은 '오카미 하지키'(狼彈き: 이리 쫓아내기)를 묘상시설로 설치하고 있다.

영아 시체의 매장에서는 묘석이 건립되지 않았을 뿐 아니라, 매장된 묘역도 어른의 그것과는 크게 달랐다. 변사체 및 개와 고양이의 사체 등에 대한 매장은 제3장에서 소개한 근세 에도의 비단가(非檀家)의 사람에게 행했던 '던져 넣기'와 거의 흡사한 상태로 취급된 것이었다. 사단제도(寺檀制度)와 묘석 건립으로 나타나는 장례식 불교가 침투하기 이전의 형태가 여기에 잔존해 있었다고 생각할 수 있다.

'마비키'(間引)의 영아 시체 장법(葬法)

앞에서 유산 및 사산에 의한 유아 시체의 매장 및 처리 방법을
살펴보았으나, 이것에 관련해 보다 중요한 문제가 있다. 이는 마
비키(間引: 에도 시대에 가난한 가정에서 양육이 어려워 태어난 아이
를 죽이는 것) · 낙태로 강제적으로 목숨을 빼앗긴 영아의 시체 처
리 방법과 유사하기 때문이다. 불가항력적인 유산 · 사산에 의한
것이든 강제적인 마비키 · 낙태에 의한 것이든, 영아 시체라는 점
에서는 같기 때문에 그 처리 방법의 유사성이 있다 하여도 이상
할 것은 없다. 여기서는 마비키 · 낙태에 의한 영아 시체의 매장
및 처리 방법에 대해서도 『오카야마현의 임신 · 출산 · 육아에 관
한 민속자료』 안의 「마비키의 방법, 처리」라는 항목을 통해 확인
해 보기로 하자. 원문 중 관련 부분만을 발췌하였다.

7. 솎아낸[間引] 영아는 볏짚[藁]으로 싸서 강에 흘려보냈다. (미
쓰군 요시다촌)

8. 솎아낸 영아는 돗자리[蓆]로 싸서 강에 흘려보냈다. (와케군
야마다촌)

9. 솎아낸 영아는 거적[薦]에 싸서 강에 흘려보냈다. (오다군 니
야마촌, 하야시마정)

10. 솎아낸 영아는 남자면 칠부채, 여자면 국자와 함께 마을에 강
에 흘려보냈다. (후략)

11. 솎아낸 영아를 버릴 때는 남자아이에게는 쥘부채를, 여자아이에게는 국자를 주었다. (고지마군 고조촌)

12. 솎아낸 영아는 거적에 싸서 강에 흘려보냈다. (고지마군 고우라촌)

13. 솎아낸 영아는 남자면 쥘부채를, 여자면 국자를 갖게 하였다. 그리고 거적에 싸서 꾸러미를 만들어 강에 흘려보냈다. (오카야마시 하마노)

14. 마비키 습속은 과거부터 그렇게 많지는 않았던 것 같다. 솎아낸 영아가 마구간 구석에 묻히면 재앙을 일으키지 않는다고 했다. 일전에 어느 집에서 가옥을 허물었을 때 마구간 구석 주변에서 영아의 뼈가 발견된 적이 있다고 한다.

15. 마비키 습속은 별로 없었으나, 마비키를 한 경우는 부정이 있다고 하여 집 안에 묻었다. (아테쓰군 가미이치촌)

16. 솎아낸 영아는 가옥의 마루 아래에 묻는다. (아테쓰군 오사카베정, 아카이와군 사에키혼촌)

17. 마비키 하는 것을 '게 줍기를 한다'고 말했다. (다마시마정, 와케군 이리촌)

18. 마비키 하는 것을 '게 줍기를 한다'고 말했다. (다마시마정, 미쓰군 요코이촌)

19. 마비키를 한 집에서는 타인이 그 영아에 대해 물으면 '조개를 주우러 갔습니다'라고 대답했다. (오카야마시)

마비키한 영아 시체의 처리 방법으로 가장 많은 것이 '강에 흘려보내다'(7, 8, 9, 10, 13)인 것이다. '바다에 흘려보낸다'(12) 또한 동일하게 이해해도 괜찮을 것이다. 한편 '집 안에 묻는다'(15), '마루 밑에 묻는다'(16), '마구간 옆 구석에 묻는다'(14)와 같은 옥내 또는 집터 안의 매장도 있다. 앞서 살펴본 유산·사산한 영아 시체의 경우는 마루 밑, 처마 밑, 봉당 등 옥내 또는 집터 안에 매장하는 경우가 많았고, 강에 흘려보내는 것은 적었기 때문에 양적 비중은 다르다고 할 수 있다. 그렇다 하더라도 불가항력적인 경우로 유산·사산한 영아 시체와 강제적인 마비키에 의한 영아 시체의 매장 및 처리 방법은 거의 일치하고 있음이 확실하다.

또한 유산·사산과 마비키의 경우와 장법상의 일치점으로서, 남아의 경우에는 쥘부채를, 여아의 경우에는 국자 등을 가지게 하고 있다는 점도 있다. 어쨌든 유산·사산이든 마비키·낙태든 영아 시체의 처리 방법에 큰 차이는 없다는 것을 확인할 수 있다.

태반(胎盤) 매장과의 유사성

또한 이러한 영아 시체의 매장지점과 일치하는 민속사상(民俗事象)이 있다. 어린아이의 출산 후에 배출된 태반을 묻는 지점이

이러한 것과 거의 같은 양상을 보인다.[27]

태반이라고 하면 잘 실감을 못 하는 사람이 있을 수 있기 때문에 출산의 메커니즘을 간단히 설명해 두고자 한다. 수정란에서 태아가 성장해 약 10개월에 이르러 모체로부터 어린아이가 탄생할 때까지 어린아이는 자궁 내의 태반 위에서 양막(羊膜)에 에워싸여 생활한다. 태내의 아이가 성장하여 만삭이 되면 산모의 진통이 시작되고, 이윽고 양막이 터져(이른바 파수破水), 태내에서 아이의 방향이 역전하여 머리로부터 탄생하게 된다(출산이 발부터 되면 역자逆子라 함). 분만이 끝나면 자궁 내에서 아이와 태반을 이어주던 배꼽의 탯줄이 절단된다. 그 후에 태반이 양막을 붙인 채로 어머니의 체내로부터 밖으로 배출된다. 어린아이의 탄생 후, 이 태반의 배출에 의해 출산은 완전히 끝난다.

이 태반에 대해서도 『오카야마현의 임신 · 출산 · 육아에 관한 민속자료』의 「태의(胎衣)의 처리」라는 항목을 통해 살펴보기로 하자. 대표적인 내용을 둘로 나누어 원문 그대로 소개하기로 한다. 우선 집의 입구에 태반을 묻는 사례이다.

　　1. 태반은 정원 입구에 묻는다. 묻은 흙 위에 '산다와라'(棧俵)[28]

---

27. 태반은 에나, 아토잔, 노치잔, 고잔을 비롯하여 다양한 민속 어휘가 있으나, 여기에서는 인용 자료를 제외하고 표준어인 태반으로 용어를 통일한다.
28. 쌀섬을 덮는 둥근 마구리 덮개.

를 덮고 집주인인 아버지가 그 위를 가장 먼저 밟는다. (아테쓰군 오사카베정)

2. 집 입구에 묻는다. 이것을 잘 밟아 딱딱하게 하면 아이의 수명이 영구히 길어진다고 한다. (조보군 미즈다촌)

3. 태반을 종이에 싸서 토병(土瓶)[29]에 넣어 집 입구에 묻는다. 또한 이때 토병에 맑은 샘물을 넣으면 젖이 잘 나온다고 한다. (고지마군 고조촌)

4. 태반은 토병 등에 넣어 남녀를 불문하고 집 입구의 안쪽에 묻는다. 또한 이때 태의에 물을 뿌려 두면 젖이 잘 나온다고 한다. 구멍은 남편이 흙으로 메운 다음 그 위를 먼저 밟는다. (오다군 가나우라정)

5. 집의 입구에 묻는다. 그 위를 남편이 가장 먼저 밟는다. (와케군 야마다촌)

6. 태반은 정원 입구에 묻고, 그 위에 산다와라를 덮어둔다. (와케군 고네촌)

7. 남자아이의 태반은 집의 입구 안쪽에 부채와 함께 묻고, 여자아이의 태반은 집의 바깥쪽에 묻는다. (아사쿠치군 다마시마정)

남자아이를 집 입구의 안쪽, 여자아이를 그 바깥쪽에 묻고, 묻을 때 태반에 부채를 곁들이기도 한다. 또한 묻은 지점 위에 산다

29. 오지 주전자.

와라를 덮어 두거나 아버지가 그 위를 밟는 등이 곁들어지는 경우도 있으나, 어쨌든 태반은 집 입구에 묻었다.

다음은 태반을 마루 밑에 묻고 있는 사례이다.

16. 태반은 토병에 넣어 산실의 마루 밑에 묻는다. (오큐군 도요촌, 기비군 시타구라촌, 가와카미군 고야마촌)

17. 태반은 토병에 넣어 안방의 마루 밑에 묻는다. 다음 출산 때 앞에 묻은 병 안을 보면 아무것도 남아 있지 않다. (오다군 니야마촌)

18. 태반은 토병에 넣어 안방의 마루 밑에 묻는다. 그 위에 뜨거운 물을 흘린다. (마니와군 가쓰야마촌)

19. 태반은 안방의 마루 밑이나 묘지에 묻는다. (아카이와군 사에키혼촌)

20. 태반은 볏짚꾸러미로 잘 싸서 안방의 마루 아래 묻는다. 그렇지 않으면 산속에 내버린다. (에이다군 니시아와쿠라촌)

태반을 마루 밑에 묻는 사례는 많으나 여기서는 이 정도로 멈추기로 하겠다. 태반을 묻는 장소의 대부분은 이 두 가지 패턴, 즉 집 입구(봉당)이거나 마루 밑이다. 그 밖에 묘역에 묻는다거나 산속에 내버린다는 등의 사례도 있으나 태반을 묻는 주요 장소는 집 입구(봉당)나 마루 밑이었다.

또한 '안방의 마루 아래'에 묻는다는 사례에 대해서는 안방은 그 집 부부의 생활공간이며 침실이기 때문에 그곳이 산실(産室)

로 사용된다는 의미가 된다. 거기에 다다미가 깔려 있다면 오물이 나오는 출산시에 다다미를 걷어 두기 때문에 '안방의 마루 밑'에 태반을 묻는다는 것은 출산 후 마루 밑에 그대로 태반을 묻는 것이 된다.

영아 시체 매장과 태반 매장의 일치

집의 입구든 마루 밑이든 태반을 묻는 장소는 옥내(屋內)였다. 그리고 이것들은 영아 시체를 매장하는 장소와 일치하고 있다.

이러한 민속사상에서의 일치를 어떻게 이해하면 좋을까?

출산 산육의례에 관심을 가진 연구자에게 이러한 영아 시체 매장지점과 태반을 묻는 장소가 일치한다는 점, 그리고 그 장소가 옥내라는 점에 대해서는 잘 알려져 있었으나, 지금까지 본격적인 연구가 행해지지는 않았다. 또한 이 민속사상은 현대적 감각과 너무나 동떨어져 있기 때문에 이를 분석하여 결론을 제시함에는 신중을 기해야만 할 것이다. 여기서 분명히 지적할 수 있는 것은, 어머니의 체내에서 아이와 일체였던 태반에 대해서도 매'장'(埋葬')을 행했던 것이 사실이리라는 점이다. 이때에는 토병(3, 4, 16, 17)이나 '볏짚 꾸러미에 넣어(싸서) 묻는다'(20) '산다와라를 덮는다'(1, 6)라든지 '위를 잘 밟아 둔다'(1, 2, 4, 5) 등과 같은 일정한 민속적 습속이 수반된다. 태반을 묻는 것은 단순한 매몰 또는 유기가 아니라 의례적 의미를 가진 매'장'(埋'葬')의 가능성을 가진 것으로 보인다.

지금까지 영아 시체와 태반의 매장에 대한 비교의 기준을 동일하게 하기 위하여 신뢰할 수 있는 일례라 할 조사보고서인 『오카야마현의 임신 · 출산 · 육아에 관한 민속자료』에서만 자료를 추출하여 사용하였다. 이 조사보고서 작성의 계기가 된 1930년대 중반의 출산 산육 민속조사의 최종보고서 『일본 산육습속자료집성(日本産育習俗資料集成)』을 보면 이러한 영아 시체 매장과 태반 매장의 민속사상은 오카야마현뿐 아니라 일본열도 전역을 보아도 큰 차이는 없다. 특수한 사례가 아니라 일반적이라고 할 수 있다. 이러한 의미에서도 영아 시체를 묘석 비건립형으로 옥내에 매장하는 것이 다소간 기묘하게 생각될 수 있기는 하나, 실은 지극히 일반적인 영아 시체의 매장 방법이라는 것을 알 수 있다. 필자는 이에 대한 민속적 의미를 해명하기 위한 기점으로 동일 공간에 매장되고 있는 태반에 주목하고자 한다.

태반 그 자체에도 속신(俗信)이 있다. 가령 아이를 잘 갖지 못하는 여성이 타자의 출산 직후 배출된 태반을 걸치거나 또는 만지면 아이가 생긴다는 속신이 있다. 아이를 타자로부터 내방시키기 위한 주술 같은 행위일 것이다. 또한 분만 후 태반의 배출이 순조롭지 않아 늦어지는 경우, 그 배출을 위해 주술이 행해지는 경우도 있었다.

야마나시현 후지천 중류 부근의 산촌, 1955년에 첫 번째 아이를 낳은 여성의 이야기였다. 집에서 출산을 했을 때 태반의 배출이 늦어져 "아토잔(後産: 태반)이 나올 때까지 아이를 만질 수 없다." 그런데 "싫어도 참고 쥐의 똥을 먹으면 나온다"라고 하여 쥐똥을 두 알 먹었다. 집의 2층이 양잠실로 되어 있어 거기에 떨어져 있는 쥐똥을 주워 왔다. 이것을 먹자 술술 나오기 시작했다. "참 기이한 일이다"라고 생각했으나, 그 덕분에 태반이 떨어졌으므로 아이를 만질 수 있게 되어 겨우 아이를 씻길 수 있었다.

출산이야기

태반이 배출될 때까지는 출산이 끝난 것으로 생각하지 않았던 것이다. 그리고 이 여성의 경우 태반 처리 방법은 다음과 같은 것이었다. 현재와 같은 병원에서의 출산이 보편화되기 전, 집에서 출산하는 것이 일반적이었던 1950년대부터 1960년대 전반의 출산이야기이다. 이 여성은 1925년생으로 1953년에 결혼해 1955년, 1957년, 1961년에 아이를 낳았다.

세 명 모두 임신중은 산파(면허를 가진 조산사)를 모셨으나, 아기를 받는 것은 옆집 할머니에게 부탁했다. 이 할머니는 자신이 욕조에서 일어나자 바로 아이가 나왔다고 하여 이른바 순산을 한 사람이었다. 아이를 낳은 방은 안쪽 깊숙이 있는 방이었다. 어머니 때에는 다다미를 들어 분만을 했다고 하나, 우리 때는 다다미 위에 기름종이와 같은 것을 깔았다고 한다.

첫째아이 때는 농번기로 아이를 낳으면 한 달 정도는 일을 할 수 없으므로 그때까지 어느 정도 일을 마쳐야겠다고 생각해 우선 논의 잡초 뽑는 일을 했다. 상반신을 앞으로 구부려 불러진 배가 지면에 닿을 정도가 되어도 일을 계속했다. 진통이 시작되고 나서 옆집 할머니를 모셔왔으나, 마침 2층은 양잠으로 가장 바쁠 때였다.

아침에 진통이 오기 시작해 잠들었다가 깨었다가를 계속 반복하다가 밤 8시경에 겨우 출산할 수 있었다. 앞으로 뻗은 상태에서 출산했고, 세 명 모두 같은 모습으로 출산했다고 한다. 태어난 아이의 체중은 2.43kg밖에 나가지 않았다. 태반은 "집의 남쪽 방향에 묻는다"라고 하여 할머니가 묻어 주었다.

이것은 이 여성이 첫째아이를 출산한 1955년의 이야기이다. 출산시 산파를 모셔 오는 것은 당시로서도 상당한 난산이었을 때뿐이었다고 한다. 그녀의 이야기에 의하면 다음 해에 출산한 동년배의 여성이 난산이어서, 보통 걸음으로 한 시간 반 정도 걸리는 (지금은 같은 마을에 포함되었으나) 마을에서부터 산파를 말에 태워 모셔 와 출산했다고 한다.

1955년대의 출산이야기를 한 가지 더 소개하기로 하자. 사이타마현 지치치부군의 어느 산촌에서 1927년에 태어나 1951년에 결혼하여 1952년, 1955년, 1958년에 아이를 낳은 여성의 이야기이다.

셋째를 출산할 때 마을 보건소에서 통지가 와 태아검사에 갔던 것을 제외하고는, 그때까지 출산시에 산파라거나 의사와 접한 일이 전혀 없었다. 첫째 때는 늦은 가을 양잠으로 가장 바쁠 때였기 때문에 누에를 죽일 수는 없었기에 출산 다음 날에 뽕나무 밭에 가 뽕잎을 따왔다. 그래도 둘째 때는 4일간, 셋째 때는 6일간 잠을 잤다. 출산시에는 다다미에 이불을 펴고 그 위에 헌옷을 겹쳐 두고 그 위에서 아이를 낳았다.

세 명 모두 진통이 오고 바로 아이가 나왔으므로 그리 힘들지 않은 출산이었다고 한다. 탯줄은 남편이 잘랐다. 갓난아기와 함께 나온 양수 등은 마루 밑에 흘려버렸다. 그리고 태반은 봉당 안쪽에 구멍을 파서 묻었다. 이것은 "이것은 고양이나 개가 파헤치지 않게 하기 위해서"라고 한다.

태반과 영아 시체의 매장지점을 밟는 행위

태반 배출이 끝날 때까지는 출산이 끝난 것으로 생각되지 않았다. 일단 배출된 태반은 매장된다. 그 매장 공간은 영아 시체의 매장 공간과 일치하여, 마루 밑, 집 입구 및 봉당인 경우가 많았다. 태반을 매장한 후 그 위를 밟거나('태의胎衣의 처리' 항목의 1, 2, 4, 5), 또는 산다와라로 덮고 있다(동일 항목의 1, 6). 또한 집 입구 및 봉당에 매장된 경우를 보면 그곳은 일상적으로도 언제나 걷게 되는 곳이다.

이러한 민속사상은 일본열도 전역에서 수집된 자료집인 『일본산육습속 자료집성』을 보아도 다른 지역과 대동소이하다는 것을 확인할 수 있다. 말하자면 태반은 매장되어 밟는 또는 덮는 행위에 의해 진압되어 태반에 깃들여 있는 영혼이 봉쇄된다고 생각할 수 있다.

다음으로 영아 시체의 매장을 살펴보자. 영아 시체도 '디딜방아의 끝부분'에 묻었다(「사산·조산·유산」 항목의 9), 매장한 위에 묘상시설인 '오카미 하지키'를 만들어 세웠다(동일 항목의 12). 『일본 산육습속자료집성』에는 아이치현(愛知縣) 미카와(三河) 지방 어느 산촌의 사례로서 "사산하거나 조산한 영아의 시체를 옥내의 마룻장을 들어내어 묻거나 디딜방아 아래의 흙 속에 묻는 풍습이 있었다"라는 보고도 있다. 또한 시즈오카현 후지군의 어느 마을에서 다음과 같은 이야기를 들은 적이 있다.

어린아이의 묘는 어른의 묘와는 다르다. 시체를 매장하면 흙무덤을 만들고, 그 앞에 낫을 세우며, 또한 흙무덤 위에는 멱서리를 반으로 잘라 덮고, 거기에 대나무를 꽂아 두었다. 이렇게 하는 이유는 "이리나 개가 파내서 먹지 못하도록" 하기 위한 것이었다.

사실 태반 매장과는 달리 영아 시체의 매장 방법에 관해서는 불분명한 점이 많다. 자료가 그다지 많지 않기 때문에 어린아이 묘의 의미를 해명하기 위해서 동일 공간에 매장된 것을 비교의 기준으로 삼아 태반 처리를 검토해 보았다. 영아 시체의 매장에 대해서도 태반의 매장과 마찬가지로 사령(死靈)[30]이라고 할 영혼을 봉쇄하려는 의미가 내재되어 있는 것으로 생각할 수 있다.

영아 시체 매장이나 어린아이 묘에는 대부분의 경우 묘석은 세우지 않았다. 영아 시체를 강에 흘려보내는 경우도 묘석을 세우는 일은 없었다. 이것은 시체 매장만으로 끝난 묘석 건립형의 전사(前史), 또는 비단가의 묘와 같은 양상이었다.

시체 매장과 성장의 단계

또한 어린아이의 묘에 관해 여기서 정리하고 넘어갈 필요가 있는 것은 유아 성장의 단계에 따라 그 시체를 둘러싼 묘제도 다르지 않았을까 하는 점이다. 일단 토장지역을 예로 들어 임의로 도식화하면,

'영아 = 옥내(묘석 비건립형)'

'어린아이 = 묘역(묘석 비건립형)'

'어른 = 묘역(묘석 건립형)'

30. 기피되어야만 할 사자의 영혼. 제1장 참조.

[사진 7-4] 아이의 묘
(나가노현 호쿠신 지방)

의 세 단계 정도는 설정할 수 있을 것 같다.

제1단계, 출산 전후 필시 오미야마이리(お宮参り)³¹ 이전에 죽은 영아 시체의 대부분은 옥내에 매장되어 있었다(묘역에 매장되거나 강에 흘려보내지는 경우도 있었다). 매장 장소를 발로 밟는 행위가 있을 뿐, 묘석이 건립되는 일은 없었다.

제2단계, 1~2세 이상의 유아는 매장 공간을 바꾸어 성인과 같은 묘역에 매장된다. 그러나 이 경우에도 묘석이 건립되지 않는 경우가 많았다(엄밀히 말하면 근세 후기 이후의 어린아이의 묘에도 광배를 가진 지장형의 묘석이 있는 경우도 있다). [사진 7-4]는 나가

---

31. 아이의 생후 30일 전후에 처음으로 하는 신사참배.

노현 호쿠신(北信) 지방의 어느 어린아이의 묘이다. 이에 대해 기억하고 있는 사람의 이야기로는 아시아태평양전쟁 패전 수년 후에 만든 것이라고 한다. 아직 2~3세 정도의 어린아이를 매장한 것이라고 한다. 어린아이를 매장하면 석경(石經)[32]이라고 하여 강에서 48개의 평평한 돌을 주워 오고, 승려가 써준 경문(經文)을 받아 매장지점에 빈틈없이 깔았다고 한다. 이미 경문은 사라졌고 돌의 숫자도 많이 줄었다. 여기에도 묘석은 건립되어 있지 않았다.

제3단계, 어른이 되면 묘역에 매장되어 묘석이 건립된다. 영아―유아―어른이라는 성장의 단계를 밟음에 따라 시체 매장지점도 묘역으로 이행되고 묘석을 세우는 빈도도 높아지는 것이 현대의 화장과 가로우토식 묘석이 보급되기 전의 묘제 형식으로 볼 수 있다.

어린아이의 묘에 남아 있는 불교 이전 묘제의 흔적

이처럼 어린아이 묘를 살펴보면 어린아이의 묘에는 불교 이전, 즉 묘석이 건립되기 이전의 일본 묘제가 잔존해 있었다고 생각할 수 있다. 물론 옥내 매장의 문제에 대해서는 좀 더 검토해야 할 점이 많기는 하지만, 묘석 비건립형의 묘제라는 점에서 어른의 묘

---

32. 불교의 경문을 돌이나 판자 등에 새긴 것.

에서 시체 매장지점과도 유사하다는 것을 추측해 볼 수 있다. 어른의 묘에서는 시체와 거기 붙어 있는 사령을 봉쇄하기 위한 묘상시설이 설치되어 있으나 아이의 묘에서도 마찬가지로 시체 매장지점 위에 마구리 덮개를 덮어 두거나 낫을 꽂아 두는 등 유사한 묘상시설을 설치하였다. 게다가 아이의 묘는 그 위를 밟기까지도 한다.

어린아이의 죽음은, 특히 영아의 단계에서는 사회적 존재로서 아직 인지되어 있는지 아닌지 애매한 상태에서 최후를 맞이하게 된다. 죽은 어린아이가 누린 물리적 시간은 짧았더라도 그 나름의 생애를 가졌을 것이다. 그런데 가령 근세의 사단제도(寺檀制度) 시대를 가정해 보면, 영아의 단계에서 죽었을 경우 단가 절에 출생신고를 하기 전, 즉 종문인별장(宗門人別帳)에 등록하기 전의 죽음도 적지 않았을 것이다. 영아는 생명체로서는 존재하고 있어도 사단제도 안에서는 비단가인 채 사자가 되지 않을 수 없었던 것이다. 즉, 사회적인 존재성을 얻지 못한 채 단지 사자로서만 취급받게 되었던 것이다. 따라서 대부분의 죽은 영아는 계명(戒名)을 가지지 못했다. 어른의 경우, 불교 사원에 의해 붙여지는 사자명(死者名)으로서 계명이 있으며 그것이 묘석에 새겨져 있었으나, 유아의 경우는 그러한 것이 거의 없었던 것이다(엄밀히 말하면 'ㅇㅇㅇㅇ孩兒' 등의 묘석이 없는 것은 아니다).

그러나 지금까지 언급해 온 바와 같은 어린아이의 묘를 보는 것은 현재는 거의 불가능하다. 어린아이의 죽음은 물론 슬픈 일이고, 현대에 이르러 유아사망률이 줄어듦에 따라 어린아이의 묘가 점차 줄어들고 있는 것은 기뻐해야만 할 것이다. 그렇다 하더라도 어린아이의 죽음이 완전히 없어지지 않는 이상, 과거에는 어른의 묘와는 차이가 있었던 어린아이의 묘가 지금은 어떠한 양상을 지니고 있는지를 확인할 필요가 있을 것이다. 어른의 묘와 마찬가지로 화장한 유골을 가로우토식 묘석에 납골하는 형식으로 전환되고 있다. 지역차뿐 아니라 성장의 단계에 따라 다르게 존재했던 묘제도 오하카 납골로 획일화되는 경향이 있다고 말할 수 있다.

8
전사자와 오하카

새로운 죽음의 형태로서의 전사자

지금까지 사자의 다양성과 함께 묘에도 다양성이 존재해 온 것을 확인하였다. 특히 어린아이의 묘를 중심으로 어른의 묘와의 차이를 밝혔으며, 제3장까지에서 다룬 토장 및 민속적 화장지역의 묘제에 대해서도 거기에 존재한 것은 묘의 다양성이라고 할 만한 현실이었다.

또한 이러한 민속사상(民俗事象)으로서의 묘를 기준으로 하여, 그 전개과정을 살펴 재래의 묘가 현대의 오하카로 바뀌고 있는 현실을 확인하였다.

그러나 오늘날 오하카의 성격을 파악하는 이러한 묘제의 전개 과정만으로는 설명하기 곤란한 특별한 오하카가 있다. 바로 '전사자'의 오하카다. 이는 근세 이전의 전투에서 죽은 사람들의 묘가 아니라 근·현대 국가 간의 전쟁으로 죽은 사람들의 오하카다. 죽음의 형태가 새로웠기 때문에 애초부터 묘로서가 아니라 오하카로 형성되었을 가능성이 있는 것이 전사자의 오하카다.

근·현대의 전쟁은 다량의 전사자를 낳았고, 그 죽음의 형태는 새로운 것이었으며, 이전에는 경험해 보지 못했던 현상이었다. 죽음의 장소는 일상의 세계와는 멀리 떨어진 곳이었고 유해가 돌아오지 못하는 경우도 많았다. 설사 유해가 유족의 품에 돌아왔다 하더라도 화장된 유골의 상태로 돌아왔다. 또한 천수를 누리지 못한 청소년기나 장년기에 그 생이 중단되었고, 게다가 잔혹한 형태의 죽음을 당한 경우가 많았다. 그럼에도 불구하고 그들에게도 오하카는 만들어졌다.

그러므로 죽음과 오하카라는 입장에서 보면 이렇게 근·현대 국가에 의해 만들어진 새로운 사자의 형태는 일반적인 것과는 다른 오하카의 탄생을 예상하게 한다. 이처럼 보통과는 다른 형태의 사자인 전사자, 게다가 근·현대에 새롭게 발생된 전사자의 오하카에 대해 살펴볼 필요가 있다.

'야스쿠니 문제'라는 문제

전사자라고 하면 야스쿠니 문제가 클로즈업된다. 마치 전사자 제사는 야스쿠니신사(靖國神社)에서만 행해지는 것 같은 논의가 횡행하고 '전사자 제사＝야스쿠니신사'라는 일반적 상식이 현대 사회에 퍼져 있다. 이는 침략전쟁으로서의 아시아태평양전쟁 및 야스쿠니신사를 긍정하려는 보수파의 정치가들이나 그러한 이데 올로기를 가진 사람들뿐 아니라, 이에 비판적인 정치가 및 지식인들에게도 해당된다. 현실의 전사자 제사가 어떻게 행해져 왔는지 파악되지 않은 채 야스쿠니신사 또는 야스쿠니 문제만이 '혼자걷기'를 하고 있는 것으로 보인다. TV, 신문 등을 비롯한 거대 미디어가 야스쿠니 문제를 포함한 전사자 제사를 외교문제로서의 야스쿠니 문제로 확대시킨 것에도 책임의 일단은 있을 것이다.

전사자 제사의 현실을 리얼하게 관찰할 때, 예컨대 여기서 논의하는 전사자의 오하카를 기점으로 볼 때, 야스쿠니신사는 그중 일부에 지나지 않고 본래는 전사자 제사 그 자체가 중심이 되어야만 한다는 사실을 이해할 수 있을 것이다. 또한 전사자를 어떻게 모셔야 하는지라는 과제하에 전사자 제사의 현실을 검토해 보면, 그것이 어느 순간 전사자 문제로부터 괴리되어 야스쿠니 문제로 초점이 바뀌어 있는 것을 알 수 있을 것이다. 곧 전사자 문제는 전사자 문제의 본질에서 다루어야 한다는 지극히 당연한 관점에서 관찰할 때 야스쿠니 문제의 '문제'성이 뚜렷해질 것이다.

오락까지도 흡입하는 야스쿠니신사의 자장(磁場)

도쿄도(東京都) 지요다구(千代田區) 구단키타(九段北)에 있는 야스쿠니신사는 황거(皇居)[33]의 호(濠)에 가까운 도심의 높은 평지에 있어, 간다(神田), 스이도바시(水道橋), 이다바시(飯田橋) 등 주변의 낮은 지대를 내려다보는 지점에 있다. 특히 야스쿠니신사의 전면(前面)에 해당하는 동쪽의 간다, 스이도바시 방면에서부터 오기 위해서는 완만한 경사를 올라야만 하고 그 정점에 야스쿠니신사는 자리 잡고 있다. 황거의 호(濠) 외측에 접하여 경사의 정점에 있는 등 그야말로 절묘한 위치에 있다고 할 수 있겠다.

그리고 이 야스쿠니신사는 야스쿠니 문제로 알려진 정치적 존재로서뿐만 아니라 편리한 지리적 조건도 지니고 있어 오락성이 강한 신사로도 알려져 있다. 가령 7월 13일부터 16일까지 행해지는 야스쿠니신사의 '오본' 행사인 '미타마 마쓰리'(みたままつり)는 야스쿠니신사 측에서 보면 전사자의 영혼을 모시기 위한 행사이나, 이때 경내는 노점으로 북적이고 놀이동산의 유령의 집 같은 공간이 펼쳐지는 것으로도 유명하다. 괴기물 등을 즐기는 사람들에게는 또 하나의 메카인 신주쿠의 하나엔신사(花園神社)에 견줄 만한 숨겨진 명소이다.

현재 야스쿠니신사의 참배자를 보면 아무리 보아도 직접적으

---

33. 천황이 거처하는 곳.

[사진 8-1] 야스쿠니신사 참배
(도쿄도 지요다구 구단키타)

로 아시아태평양전쟁을 비롯해 과거의 침략전쟁과는 관계없는 사람이 많다. 강아지를 끌고 산책하는 사람, 또는 친구와 산책하는 여고생까지도 볼 수 있다. 다음과 같은 광경을 본 적도 있었다.

2004년 8월 10일 오후의 일이다. 일반 참배객에 섞여 일본 축구 대표팀의 푸른색 유니폼을 입은 사람이 있었는데, 그는 유니폼만이 아니라 스타킹까지 제대로 갖추고 있어 누가 보아도 일본 축구 대표팀의 열광적인 서포터임을 알 수 있었다. 그런데 이 남성이 직립부동(直立不動)으로 야스쿠니신사에서 참배하고 있다. [사진 8-1]의 왼쪽 인물이 바로 그 사람이다. 그는 옆을 돌아보지도 않고 곧바로 신사 사전(社殿)으로 걸어가 참배한 후 돌아 나왔다. 이 3

일 전인 8월 7일에 중국 베이징에서 아시안컵 축구결승전에서 일본 대 중국전이 있었고 3대 1로 일본이 이겨 우승하였다. 이 대회에서는 중국 측 서포터의 노골적인 반일감정이 반복적으로 보도된 것을 기억하고 있는 사람도 많을 것이다.

현대의 스포츠가 국가, 국기와 상관 있다는 것은 잘 알려져 있다. 축구만이 아니라 럭비나 야구도 마찬가지이다. 아마추어, 프로를 불문하고, 또한 국내시합, 국제경기를 불문하고 경기장에는 국기가 게양되어 시합 개시 전의 국가 제창도 이미 익숙해진 풍경이 되었다. 이러한 국가의식과 연속된 스포츠의 세계가 야스쿠니신사와 통하고 있는 것은 아닐까 하는 생각이 들었다.

이러한 오락성까지를 포함해, 어딘가 일상화된 국가의식을 흡입하는 강한 힘을 야스쿠니신사는 가지고 있는지 모르겠다. 이처럼 사회·문화 영역까지 확대되어 있는 정치적 존재로서 야스쿠니신사는 자리 잡고 있는 것으로 보인다. 그렇기 때문에 더욱 전사자를 그 자장에서부터 풀어 주는 작업이 중요하다고 생각되는 것이다.

전사자의 오하카와 조상 대대의 묘

전사자 문제를 야스쿠니신사에서부터 시작하는 것이 아니라 오하카부터 검토해 보기로 하자.

[사진 8-2] 집의 묘역과 전사자의 오하카
(사이타마현 북부지방)

　[사진 8-2]는 사이타마현 북부지방 산촌 어느 집의 묘역이다. 가옥의 뒤편에 펼쳐져 있는 밭의 한 쪽에 이러한 묘역을 두고 있다. 사진에서 앞쪽에 보이는 것은 조상 대대의 묘, 이 지역에서는 최근에 쉽게 볼 수 있는 광경이고, 개별 묘석 이외에 이러한 가로우토식 묘석에 의한 조상 대대의 묘를 만드는 것이 늘고 있다. 읽어서 확인할 수 있는 가장 오래된 묘석은 간세이(寬政)[34] 연대의 것이었다.

　그리고 이 2단(段)[35]으로 되어 있는 묘역 중 상단 부분에 있는

---

34. 에도시대 후기 1789~1801.
35. 사진에서 볼 때 앞뒤의 2열 중 뒤편.

세 개가 아시아태평양전쟁 때의 전사자 묘석이다. 이 지역에서는 조금도 어색하지 않은 일반적인 묘역의 풍경이다. 이 묘역에 이 세 개의 전사자 묘석이 세워지기까지의 경위는 다음과 같다.

당시 이 집에는 아들이 세 명 있었다. 아들 중에 가정 먼저 사망한 사람은 차남이었다. 차남은 1939년 현역으로 입대하여 중국 대륙에서 전쟁중에 부상을 입어 송환되어 야마나시현(山梨縣) 고후시(甲府市)의 병원에 입원하였으나 치유되지 못하고 사망했다. 제2단에서 가장 오른쪽에 있는 것이 그의 묘석이고, 송환 후 사망하여 화장하였으므로 유골이 납골되어 있다고 한다. 두 번째로 사망한 사람은 삼남이다. 1944년 6월에 전사할 당시 24세였다. 유골은 없고 제2단에서 가장 왼쪽이 그의 묘석이다. 세 번째로 사망한 사람은 장남이었는데, 같은 해 소집되어 그해 8월에 34세로 사망하였다.

이 집의 계승자는 장남이었는데, 당시 국민학교 5년생이었던 그의 자식은 돌아온 흰 나무상자를 다음과 같이 기억하고 있다. 상자를 흔들어 보자 덜컹덜컹 소리가 들리기에 열어 보니 사진 한 장이 들어 있을 뿐이었다. 이전에 본 기억이 없는 사진이었기에 출정 후 촬영한 것이라고 생각되었다. 묘석은 패전 후 1948년에 건립하였으나 거기(묘석 아래의 석실)에 유골은 없다. 제2단에서 가운데에 있는 것이 그것이다.

이 집처럼 한 집에서 세 명이나 전사자를 낸 사례는 그다지 많지 않다. 하지만 오하카의 관점에서 이 전사자 묘석을 보면 이 사

[사진 8-3] 조상 대대의 묘와 전사자의 오하카
(시즈오카현 이즈 지방)

례는 전사자 오하카의 전형적인 예를 나타내고 있다고 생각된다. 유골이 있든 없든 개별 묘석이 세워져 있다. 가로우토식 묘석에 의한 조상 대대 묘 같은 일괄방식이 아니라, 전사자의 오하카에는 개인별 독립성이 유지되어 있다.

한 가지 사례를 더 들어 보자. [사진 8-3]은 시즈오카현 이즈 지방에 있는 마을 공동묘지 안의 어느 집의 묘역이다. 조상 대대 묘의 오른편에 전사자의 오하카가 있다. 엄밀히 말하여 한 집에서 형제 등 여러 명의 사망자가 나올 경우, 하나의 묘석에 형제 두 명의 계명을 새긴 경우도 있기 때문에 반드시 묘석 하나에 한 명씩이라고 말하기는 어려우나, 유골이 있든 없든 전사자에 대해서는 개별 묘석을 건립하는 형태를 취하고 있다. 최근에 건립된 조상 대대의 묘에는 그 옆에 죽은 사람의 이름을 새긴 묘지(墓誌)가 세워진 경우도 많다. 거기에 전사자의 이름이 포함되어 있는 경우도 있기 때문에 전사자도 조상 대대 묘에 일괄되어 있는 측면이 있다고 말할 수도 있으나, 대개의 경우 전사자에게는 개별 묘석이 건립되어 있다.

전사자 오하카의 독립성

방금 살펴본 전사자의 오하카는 자기 집(家門)의 묘역에 포함되는 경우였다. 한편 전사자의 오하카만이 집의 묘역에서 분리되어 전사자만으로 이루어진 공동묘지를 형성해 가는 경우도 있다.

[사진 8-4]는 시즈오카현 동부지방의 어느 산촌 마을, 전사자만의 공동묘지에서 오본을 맞이하기 위한 묘지청소를 하고 있는 모습이다. 마을 안에 있는 절의 경내 입구에 이러한 전사자를 위한 묘역을 두고 있다. 이 집의 경우는 아시아태평양전쟁에서 형제 두 명이 전사했기 때문에 한 기(基)의 묘석에 두 명의 이름이 새겨져 있다.

그리고 이 집에서는 일반적인 죽음을 맞이한 사람들을 위한 묘역은 별도로 가지고 있다. 그중 하나는 구묘(舊墓)라고 하여 절 뒤편에 있다. [사진 8-5]는 오본을 맞이하여 이 구묘에서 묘지 청소

[사진 8-4] 전사자 오하카의 청소

[사진 8-5] 구묘(舊墓)의 청소

[사진 8-6] 신묘(新墓)의 청소
　　　　　(시즈오카현 동부지방)

를 하고 있는 모습이다. 그러나 지금은 이 구묘를 사용하는 일은 거의 없고 과거의 묘석이 빼곡히 세워져 있을 뿐이다. 또한 이 집에서는 한 군데 더 묘역을 가지고 있다. 이 마을에서는 신묘(新墓)라고 하는 공동묘지를 마을 입구의 눈에 띄기 쉬운 곳에 만들어 놓았는데 거기에도 이 집의 묘역이 있다. [사진 8-6]이 이 신묘이다. 현재 실제로 사용되고 있는 것은 이 신묘이며, 거기에는 가로 우토식 묘석에 의한 조상 대대의 묘, 즉 오하카가 늘어서 있다.

이렇게 보면 이 집의 경우 현재 사용 중인 오하카가 마을 입구의 신묘, 과거의 오하카가 마을 안에 있는 절 뒤편에, 그리고 이것들과는 독립해 절의 경내 입구에 전사자의 오하카를 가지고 있는 것이 된다. 전사자의 오하카는 오본 때에는 보통으로 죽은 사람과 마찬가지로 청소 및 성묘의 대상이 되나, 그것들과는 분리된 독립성을 가지고 존재하는 것이었다.

[사진 8-7]은 이 마을에서 가까운 어느 농촌의 절 경내의 모습이다. 이 마을에서는 절의 경내 왼편에 묘역을 마련해 두었다. 참배로(參拜路)로부터 경내에 들어서서 바로 왼쪽에 이러한 전사자 묘석을 임립(林立)시키고 있다. 집집의 묘역은 이 전사자 공동묘지 뒤편에 있기 때문에 여기에서도 전사자의 오하카는 집의 묘역에 포함되어 있지 않다. 이 마을에서도 아시아태평양전쟁 후, 이러한 전사자 공동묘지를 절의 경내에 배치했기 때문에 성묘하러 가는 사람은 반드시 이 전사자 공동묘지 사이를 지나 자기 집의 묘역에 향하게 되는 공간 구성을 취하고 있다.

[사진 8-7] 전사자의 공동묘지
(시즈오카현 동부지방)

어느 특공대원의 죽음

이 빼곡히 세워진 전사자의 오하카 중 아시아태평양전쟁 말기, '군신'(軍神)으로 칭송된 인물의 것이 하나 있다. 그 이름을 임의로 K라고 하자.

K는 1925년생으로 고향의 소학교를 졸업한 후 그 지역의 중심도시에 있는 구제 중학교에 진학한다. 중학교 4년을 수료한 1942년에 갑종(甲種) 구일본해군하사관학교 생도로 쓰치우라(土浦) 해군항공대에 입대한다. 1944년 10월 26일, 필리핀 전선(戰線) 레이테(Leyte) 섬 남방 해상에서 특공대와 함께 전사했다. 만 19세였다.

전사하기 이틀 전인 10월 24일부터 전날인 25일은 해군이 연합함대를 집결시켜 행한 최후의 전투, 레이테 해전이 있었다. 이것은 전년 9월에 결정된 '절대국방권'(絶對國防圈)이 붕괴해 가는 가운데 연합군의 필리핀 제압을 저지하기 위해 작전용어로는 '첩1호 작전'(捷一號作戰)으로 불린 사실상의 특공작전이었다. 제공권을 잃었음에도 불구하고 함대·기동부대는 레이테 섬 근해에 돌진해 들어가고, 해군 항공 병력은 연합군 기동부대에 특공기를 출격시킨다. 24일에는 전함 무사시(武藏), 25일에는 항공모함 즈이카쿠(瑞鶴)을 비롯해 많은 전함·순양함·항공모함이 침몰했다. 이 공격은 완전히 실패했고, 연합함대는 괴멸하였다. 이 해상 특공작전의 하나로서 해군 항공 병력에 의한 첫 번째 특공기 출격이 행해졌다. 이른바 특공대였다. 첫 번째 특공기는 25일로 잘 알려진 바와 같이 세키 유키오(関行男) 외 4명이 전사했다. K가 전사한 것은 그 다음날이었다.

이 필리핀 전선에 등장한 초기 특공부대에 관한 보도는, 다음 해인 1945년 4월부터 6월에 걸친 오키나와 전쟁(沖縄戰)시의 보도와는 달리, 전의 고양에 목적이 있었던 것으로 한 명 한 명 실명으로 보도되고 있었다. 세키 유키오 외 4명의 출격은 1944년 10월 28일에 해군성(海軍省)에서 공표되었다. 그다음 날 29일의 아사히 신문에서는 1면 톱에 '신취(神鷲)의 충렬(忠烈), 만세(萬世)에 빛나는 가미가제 특별공격대 일본 시키지마(敷島) 대원'을 표제어로 하고, '적의 함대를 포착하고 술루안(Suluan: 섬 해역) 필사필중(必

[사진 8-8] 특공대원의 석상(石像)
(시즈오카현 동부지방)

死必中)으로 전력을 다함',
'특공기, 대원 모두 적의 함
대에 작렬, 유도하는 호위
기(護衛機), 전과 확인'라는
부표제어로 보도되었다.
이 특공부대의 리더인 세키
유키오의 사진이 실려 있었
으며 전사한 한 명 한 명의
전력(戰歷)까지 게재되어
있다.

특공대원 K의 전사 보
도에 대해서도 거의 마찬
가지 모습이다. 다른 필리

핀 전선에서 사망한 특공대원과 함께 11월 13일에 해군성에서 전
사가 공표되었다. 다음 날인 14일 아사히신문은 1면 중앙에 '충
렬·37인의 신취(神鷲)'라는 표제어하에 실명으로 보도했다(이날
아사히신문의 1면 톱은 육군의 첫 번째 특공기의 보도이다). 그리고
K에 대해서는 다음 날인 15일 2면에 다른 전사한 특공대원과 함
께 사진 및 전력이 게재되어 있었다.

이러한 특공대원의 죽음에 그 출신지는 열광하여 드디어는 그
의 석상 건립이 계획되어 실행에 옮겨졌다. 아직 패전 전의 단계
였다. [사진 8-8]과 같은 비행복 모습의 석상으로 지금도 그의 생

[사진 8-9] 세이레이신사(生靈神社)
(시즈오카현 동부지방)

가 근처의 언덕 위에 세워져 있다. 패전 후 이 석상이 넘어뜨려져 있었던 것을 본 사람이 있다고도 한다. 이 석상이 다시 복원된 것은 이 언덕이 정비될 때였다. 1950년 이 언덕에 이 지역의 전사자 총 181명을 신으로 모신 세이레이신사(生靈神社)가 건립되었다. K도 거기에 포함된 한 명이었다. 1978년 [사진 8-9]와 같은 현재의 사전(社殿)이 재건축되면서 작은 광장 같은 것도 정비되어, 패전의 날 등에는 이 지역 사람들이 제사를 지내고 있다.

전사자 다중제사(多重祭祀)

이 특공대원 K의 예를 들어 보자. K의 오하카는 그 집이 소속된 단가 절의 경내에 다른 전사자와 함께 있다. 물론 유골은 없다. 그러나 한편 그는 지역에서 설치한 세이레이신사에서도 제사 대상의 하나로 되어 있다. 즉, 전사자 K의 제사시설은 집과 지역사회에서 2중으로 존재하고 있는 것이 된다. 그리고 그 석상까지도 제사 대상으로 꼽는다면 3중의 제사시설을 가지고 있다고 볼 수 있다. 게다가 야스쿠니신사—K도 그 제사 대상으로 확실히 포함되어 있는—까지를 포함하면 4중 제사가 된다.

전사자 제사의 특이성은 하나의 사자제사로서 오하카, 즉 집에서의 제사로 끝나는 것이 아니라 그것이 지역사회, 국가까지 확대되어 이들이 중층적으로 존재한다는 것이다. 보통의 방식으로 죽은 사람은 집에서 오하카에 들어가는 것으로 끝난다. 집에 의한 단일 제사인 것이다. 그러나 전사자에게만은 제사가 중층적으로 행하여지고 있다. 지금 여기서 본 K와 같은 사례가 아니더라도, 일반적으로 전사자는 집의 오하카와 불단에 모셔지고, 각 도도부현(都道府縣) 단위의 호국신사(護國神社)에 모셔지며, 게다가 야스쿠니신사에 모셔진다. 전사자만은 그 제사시설을 집, 지역사회, 국가와 같이 몇 가지 차원의 제사 대상을 병존시켜 다중제사로서 존재하고 있는 것이다.

게다가 제사의 차원이 복수화됨에 따라 각각의 차원에서는 종교가 다른 경우조차 있었다. 가령 K의 경우를 보면, 연기공양(年忌供養) 등에는 승려가 관여하고, 오하카도 절 경내에 있었다. 집이 제사의 주체인 경우에 관여하는 종교는 불교인 것이다. 그런데 지역사회의 세이레이신사, 그리고 야스쿠니신사에서는 신도식(神道式)으로 모셔진다. 한 사람에 대한 제사 형태가 단일 종교가 아닌 복수의 종교에 의해 행해져, 종교적으로 다중제사가 행해져 온 것이다. 전사자에게 다중제사를 행해 왔다는 점, 이에 대해서는 의외로 자각하지 못했던 것이 현실이었다.

이러한 다중제사의 현실에 대해, 특히 종교적인 현실에 대해 소수이긴 하지만 위화감을 느끼고 있는 사람들이 있다. 바로 기독교인들이다. 1970년대 전반에 주목되었던 자위관(自衛官) 합사(合祀) 거부 소송이 그 일례이다. 야마구치현(山口縣)에 거주하던 순직한 자위대원이 그 지역 호국신사에 모셔지는 것에 대하여 기독교인인 부인이 위화감을 느껴 합사신청 취하소송을 지방법원에 냈다. 이 경우는 직접적으로는 야스쿠니신사가 아니라 호국신사가 대상이고, 또한 아시아태평양전쟁 후의 자위대원의 일례이지만, 이것은 자연히 야스쿠니신사가 자동적으로 신도식의 전사자의 합사를 행해 온 것에 대해 강한 의문을 제시한 것이었다.

죽은 사람 본인 또는 유족이 이러한 다중제사를 희망한 것이라면 일단 문제가 없다고 할 수 있지만, 종교적인 문제를 포함해 거의 모든 다중제사는 자동적으로 행해지는 것이 많다. 전사자 자신들의 의지와는 상관없이 다중제사가 행해지고 있는 것이다.

이처럼 전사자에 대한 다중제사가 자동적으로 행해지고 있는 현실에 대해 우리들이 의외로 자각하지 못하고 있다는 것, 바로 여기에 전사자 제사의 문제 및 그 대표적인 야스쿠니신사의 문제가 있을 것이다.

기념(祈念)과 기념(記念)의 교차

전사자 제사와의 관련성에서 전사자 오하카의 특징은 다음의 세 가지로 정리할 수 있다.

첫 번째로, 전사자의 오하카에는 죽은 사람의 개인적 독립성이 드러난다는 점이다. 전사자의 오하카는 설령 유골이 없더라도 대체로 한 사람 한 사람씩에 대해 세워진다. 또한 그 묘석은 조상 대대의 묘보다 비교적 크게 만들어진 것이 많고, 전투 경력을 중심으로 죽은 사람의 약력이 새겨져 있다. 특공대원 K의 묘석 건립은 그가 초기 특공대원이었기 때문에 두드러지게 드러난 사례이며 오하카라고는 말할 수 없는 점도 있기는 하다. 그러나 이 같은 사례로 미루어 전사자의 경우에는 그 죽음의 비일상성 때문에 개인적 독립성이 드러나고 있다는 점을 충분히 시사한다.

그러나 이 전사자의 개성에 대해서는 다중제사가 확대될수록 그 개인적 독립성은 약해지며 추상화되어 간다. 집의 오하카에서는 각자 개인의 오하카였으나, 이 특공대원 K의 경우 지역의 세 이레이신사에 모셔질 때는 181명과 함께 일괄 합사되었다. 전사자 한 사람 한 사람씩을 모신다고 말해졌으나, 실상은 한 묶음으로 합사된 것이었다.

다중제사로의 확대는 전사자 개개인의 독립성에서 참혹한 죽음의 상태를 제거하여 융합시킨 것으로서, 전사자로서의 추상성이 높은 표상을 생성해 가는 것이 된다. 전사자 다중제사, 특히 그 중에서도 야스쿠니신사는 전사자의 개인적 독립성을 '해체'시킨 것이기도 했다.

두 번째로는 그 노출성이다. 전사자의 오하카는 독립성이 강하기 때문인지 위치상으로도 대단히 눈에 띄기 쉬운 곳에 있다. 앞서 본 절 경내의 전사자 묘역도 그러하다. [사진 8-10]은 시즈오카현 동부지방의 어느 농촌의 전사자 오하카의 광경이다. 이처럼 전사자 오하카는 사원에 들어가는 참배로에 늘어서 있다. 당연한 것이지만, 이 사원을 방문하는 사람은 누구라도 쉽게 이를 발견할 수 있다. 전사자의 오하카는 오하카이면서 기피되어 은폐되는 일 없이 사람들의 눈앞에 노출되는 경향이 있다.

세 번째로, 전사자의 오하카는 개인적 독립성이나 노출성과 같은 특징들을 가지고 있기 때문에 기념(祈念)의 대상만이 아니라, 기념(記念)을 위한 석조물로서의 성격도 가지고 있다는 점이다. 대부분의 경우 유골이 없으며, 유골이 있을 경우라도 애초부터 시신이 아닌 유골의 상태로 돌아왔기 때문에 토장지역에서도 시

[사진 8-10] 절 경내의 전사자 묘역
(시즈오카현 동부지방)

체 매장이 아닌 유골을 납골하는 형식을 취할 수밖에 없었다.

전사자의 묘역에는 묘역 특유의 어딘가 어둡고 음산한 분위기가 덜하다. 전사자 자신은 참혹한 죽음을 맞았을 것이나 전사자의 오하카는 잘 정돈된 형태로 승화되어 있다. 전사자의 오하카가 현실적인 기념(祈念)의 대상인 점은 확실하나, 여기에는 전투경력을 중심으로 약력이 새겨져 있는 경우가 많고, 또한 유골이 거의 없다는 점을 고려하면 전사자를 기념(記念)하기 위한 석조물이기도 한 것이다. 기념비(祈念碑)이면서 기념비(記念碑)이기도 한 양자를 미분화하지 않고 병존시키고 있는 것이 전사자의 오하카이다.

조상 대대의 묘와 전사자 오하카의 이동(異同)

이러한 기념비(祈念碑) 겸 기념비(記念碑)라고 할 수 있는 전사자의 오하카는 애초부터 시체와는 무관하게 묘석의 건립만을 행한 형식이 있었다. 가령 토장지역에서는 묘석 건립의 전사(前史)로 시체의 매장을 행하는 형식이 있었고, 묘석의 건립은 그로부터의 전개과정으로 형성되어 왔다. 전사자 오하카의 경우는 이러한 민속사상과 애초부터 무관하게 형성되었다. 전사자의 오하카는 처음부터 묘석 건립형으로 탄생했던 것이다.

시체 매장보다도 묘석 건립이 중시되어 있다거나 그렇게 할 수밖에 없었다는 것이 전사자 오하카의 특성이다. 이는 묘석 건립형이라는 의미에서 현대 오하카의 전형적인 예를 나타내는 것이라고 말할 수도 있다.

그러나 전사자의 오하카에는 개인적 독립성이 중시되어 왔던 측면도 있다. 전사자 개별로 묘석이 건립되는 경우가 많았다. 현대 조상 대대의 오하카가 가로우토식 묘석에의 일괄납골형이며, 묘석에는 '○○가(家) 조상 대대의 묘' '○○가(家)의 묘'로서 정리되어 있어, 이러한 개별성 제거형과는 정반대이다. 근·현대사회가 낳은 새로운 전사자의 오하카는 현대 오하카의 하나임에 틀림없으나, 일반적인 조상 대대의 묘와는 분명히 차이를 가진 존재로 볼 수 있을 것이다.

이 개별성 중시형—자신의 천수를 누리지 못한 사람들의—

인 오하카가 작은 산지 및 농촌의 전사자 공동묘지에서조차도 분리된 전사자 묘역에 묘석이 빼곡히 들어서 있다는 현실을 기억해야만 한다. [사진 8-7]이나 [사진 8-10]에서 이를 볼 수 있다. 얼마나 많은 전사자가 있었다는 것인가? 본래 드물어야만 할 전사자가 얼마나 일상적인 현상이 되어 있는가. 이는 한 명 한 명이 지닌 전사의 의미를 상대적으로 저하시킬 정도로 다수임을 나타내는 것이 아닐까?

야스쿠니신사를 둘러싼 오해

마지막으로 전사자의 오하카에 대한 여기에서의 결론을 바탕으로 야스쿠니신사를 둘러싼 '오해'라고 할 수 있는 논의의 문제점 두 가지에 대해 지적해 두고자 한다.

첫 번째는 야스쿠니신사를 양묘제의 일환으로 설명하려고 하는 점이다. 이 경우 양묘제는 시체가 매장되어 있지 않은 묘석을 성묘의 대상으로 하고 있기 때문에, 역시 시체 및 유골과는 관계없이 전사자를 모시고 있는 야스쿠니신사를 동일 형태의 전통적 현상으로 정당화시키려 하고 있다.

그러나 양묘제는 앞서 언급한 바와 같이, 장례식 불교로서 불교가 민중에 침투되는 과정 속에서 묘석이 건립되어 형성된 묘제이다. 신도(神道)가 아니라, 불교의 영향 아래 성립된 것이다. 역사적으로 보아도 양묘제는 근세사회에 이르러 서서히 형성되어 온 것이고, 일본 근대 국가가 무진전쟁(戊辰戰爭)[36] 때 관군의 전 사자를 모시는 것부터 시작된 야스쿠니신사와는 시기적으로 다른 것이었다. 또한 신사와 오하카—이 둘은 근본적인 존재방식 자체가 상이한데—를 동질성의 관점에서 설명하려는 것 자체에 상당한 무리가 있다는 것은 두말할 필요도 없다. 신사와 달리 오하카는 불교와 밀접하게 연관된다.

또 하나는 야스쿠니신사의 제사 형태를 어령신앙(御靈信仰)과 의 연속성에서 설명하려는 것이다. 어령신앙은 비업(非業)의 죽음을 당한 사람이나 원한을 품고 죽은 사람들이 사후 이러한 원한 때문에 살아 있는 사람에게 재앙을 불러올까 봐 그런 일이 일어나지 않도록 정중하게 제사를 모시는 것을 말한다.

가령 후지와라씨(藤原氏)에 의해 다자이후(大宰府)로 좌천되어 그곳에서 죽어, 사후 교토 지방과 후지와라씨에게 재앙을 초래한 스가와라 미치자네(菅原道眞)를 제신(祭神)으로 한 기타노텐만궁(北野天滿宮)이 성립된 것은 어령신앙의 대표적 예이다. 후지와라씨에 대한 재앙 및 교토의 천재지변이 원한을 품고 죽은 미치자네의 원혼 때문이라고 생각되었기 때문에 그가 기타노텐만궁에서 신으로 모셔졌던 것이다. 그렇다면 미치자네를 신으로 모신

---

36. 1868년에서 이듬해인 1869년에 걸쳐 신정부군과 구막부파 사이에 있었던 내전. 신정부군의 승리로 메이지 천황에 의한 통일국가가 완성됨.

것은 누구인가? 다름 아닌 정적(政敵)인 후지와라씨이며, 천재지
변을 두려워한 당시의 조정이었다. 미치자네를 모신 것은 후손인
스가와라 가문이 아니라 재앙을 두려워한 적들인 것이다.

이처럼 어령신앙은 비업의 죽음에 떨어진 사람의 원혼을 두려
워해, 그 적이었던 사람들이 재앙을 받지 않기 위해 그 죽은 사람
을 신으로 모셨던 것이다.

야스쿠니신사의 제사 형태는 위의 경우와 닮은 것 같지만 다르다.

전사자는 비업의 죽음을 당했다. 천수를 다하지 못한 처참한
죽음이었다. 따라서 적에게 재앙을 야기하기에는 너무도 충분한
조건을 가지고 있다. 그러나 야스쿠니신사의 경우 이 재앙을 두
려워해 적이 전사자를 (야스쿠니신사의) 신으로 모시고 있는 것이
아니다. 예를 들어 아시아태평양전쟁기의 일본 전사자라고 한다
면 그 원한을 두려워한 중국이나 미국이 그들을 신으로 모시고
있지도 않으며, 반대로 중국과 미국의 전사자를 일본이 신으로
모시고 있지도 않다. 만일 야스쿠니신사가 일본이 전쟁에서 살해
한 적국의 전사자를 신으로 모시고 있다면 어령신앙과의 연속성
에서 설명되어도 문제될 것이 없으나, 야스쿠니신사는 자국의 전
사자만을 모시고 있다. 무언가 자작자연(自作自演)하는 것 같은
신사라고 할 수 있을 것 같다.

나오는 말

민속적 세계를 기점으로 하여 현대 오하카 탄생의 문제를 추적해 보았다.

토장의 단계에서는 죽은 사람을 위해 성묘를 하는 것이 시체 매장지점이 아니라, 시체가 없는 묘석에 대해서였다. 화장의 보급과 함께 생겨난 현대의 가로우토식 묘석에서도 성묘는 가로우토 안의 유골 그 자체에 대해서가 아니라, 묘석 부분을 성묘의 대상으로 하고 있다. 조금 전 다루었던 전사자의 오하카에는 유골이 없는 경우도 많았다. 심한 경우에는 전사자의 머리카락, 손톱, 발톱 및 유품조차 되돌아오지 않기까지 한다.

이와 같이 현대의 오하카는 근세사회에 발생한 묘석이 발전하여 현재에 도달한 것으로 시체·유골로부터 괴리되어 존재하는 것이었다. 그러나 이에 대해 위화감을 느끼는 사람은 거의 없다. 이에 대해 의문을 가지는 사람은 적으며, 묘석이라는 이 석재의 물체가 성묘의 대상이다.

또한 토장의 단계에서는 시체 매장지점에서의 제사와 묘석에의 제사가 병존해 있다. 게다가 전사자 제사에서는 다중제사의 현실이 있다. 이질적인 성격의 제사가 모순이라는 감각을 수반하는 일 없이 중층적으로 존재하고 있는 것이다.

오하카가 탄생한 것에만 문제가 있는 것은 아니었다. 실제로는 상호 모순되는 이질적인 제사, 이질적인 생활세계가 병존하고 있음에도 이에 대하여 의문이 느껴지지 않은 채 일반적 상식이 성립되어 우리들의 생활세계를 뒤덮고 있다. 합리적 또는 과학적인 사고 안에서 생활을 영위하는 현대사회이기는 하다. 그러나 이러한 현실에 대한 자각이 어느 사이엔지 상실되어 현실과 일반적 상식이 어긋나 있는 것, 이러한 사회현상 안에서 방황하고 있는 것, 여기에 바로 현대사회에서의 오하카 탄생을 둘러싼 문제가 있다고 생각한다.

| 옮긴이의 말 |

　이 책은 도쿄학예대학 이와타 시게노리 교수의 『오하카의 탄
생―사자제사의 민속지('お墓'の誕生―死者祭祀の民俗誌)』(岩波新
書, 2006: 新赤版 1054)를 우리말로 옮긴 것이다. 우리들이 조상의
묘를 산소(山所)라고 말하듯이, 일본인은 조상의 묘를 보통 '오하
카'라고 표현한다. 우리들이 산소라고 할 때는 보통 둥근 봉분이
있는 무덤―무덤 앞에 세워진 묘석(비석)과 함께―을 연상하지만,
화장이 일반화된 일본인의 경우에는 대부분 '○○가(家)의 묘(墓)'
라고 새겨진 사각의 묘석―묘석 아래에 있는 가로우토(カロウト)
라는 납골 공간과 함께―을 떠올린다. 원저의 제목에 쓰인 '오하
카'라는 말은 이러한 뉘앙스를 담고 있다.
　원저의 제목인 『오하카의 탄생―사자제사의 민속지』는 현재
와 같은 일본인의 조상관이 탄생된 일정한 역사적 시기에 관심

의 초점이 놓인다는 의미를 지니며, 조상에 대한 제사가 일본 고래(古來)의 습속이라는 전제하에 사자제사를 둘러싼 논의가 횡행하는 것에 대한 저자의 강한 문제제기의 표출이었다고도 볼 수 있다

현재 일본 사회에서의 조상 제사는 신도가 아니라 불교적 성격의 의례 형태로 나타난다. 죽은 조상을 '호토케(부처)'라고 부르는 것이 그 상징적 예이며, 양력 8월 15일 경의 '오본'과 장송의례, '오하카'에서의 성묘 등에서 불교적 의례를 찾아볼 수 있다. 저자는 이러한 불교적 양식을 수반하면서 행해지는 조상 제사의 현실과 상식화된 조상관이라는 공통인식과의 사이에 괴리가 현존하고 있다는 점을 문제시한다. 일본 사회에서 조상 제사의 현실을 면밀히 관찰해 보면, 상식화된 조상 관념만으로는 설명할 수 없는 요소가 내재되어 있음을 알 수 있다. 조상 제사의 습속은 너무도 당연시되어 온 사회현상이기 때문에 그동안 이러한 현실에 의문을 가진 사람은 적었다.

이처럼 현대 일본 사회에 보편화되어 있는 '오하카' 및 조상관의 해명에 목적을 둔 이 책에서는 에도 시대 기독교 탄압을 위한 사단제도(寺檀制度)의 도입과 함께 탄생한 불교식 장례와 그에 따른 불교적 조상관의 확산 과정을 밝혀 준다. 또한 묘석이 없는 토장과 화장지역에서의 묘제가 현재의 획일적인 불교식 납골 형태인 묘석제도로 이행된 과정을 살피고, 영아와 유아의 시체 처리로 본 불교 이전의 묘제 형태 등 현재의 불교식 장례에 이르기까

지의 역사적 과정을 다각적으로 밝혀 나간다. 아울러 야스쿠니 문제만이 중점적으로 부각되어 온 전사자 제사의 문제도 사자에 대한 중층적 제사라는 측면에서 다루어야 한다는 점에 관해서도 지적한다. 야스쿠니 문제는 결국 일본 사회의 장례의례가 지닌 중층적 사자제사 문제의 일부일 따름이라는 점도 이 책을 통해서 이해할 수 있을 것이다.

이 책은 일본에서 일반 독자를 위한 신서(新書) 형태로 출간된 것으로 '오하카'라는 사회현상을 둘러싼 인식의 해명에 중점이 두어져 있으나, 무엇보다 이 책이 지니는 큰 의의는 일본의 묘제를 종래의 민속학적 파악 방식에서 완전히 탈피하여 전면적으로 재검토한 것에 있다. 지금까지 일본의 묘제는 일본 민속학의 창시자인 야나기타 구니오와 야나기타 계통의 민속학자들에 의해 '양묘제'(兩墓制)의 개념으로 설명되어 온 것이 통설로서 자리 잡아 왔다. '양묘제'란 시체매장 장소와 동떨어진 장소에 '오하카'(墓石)를 두어 이곳에서 제사를 지내는 방식을 말한다. 일본의 묘제를 총체적으로 파악한 이 '양묘제'의 성립 배경에는 고대부터 일본인의 관념을 속박해 온 시체에 대한 강한 금기의 관념인 시에(死穢: 시체를 두려워한 금기)의 관념이 있었다고 고려되었던 것이 사실이다. 즉, 시에를 개입시키지 않기 위해 시체의 매장 장소와 동떨어진 곳에 별도의 묘석을 건립하고, 그것을 제사의 대상으로 삼는다는 것이었다. 사자를 두려워한 시대와, 불교 수용에 의해 그 장벽이 허물어진 시대의 중층적 현상을 설명하는 이 모델은 일본의 묘제를 완전히 해명한 것으로 판단되어 민속학뿐만 아니라 인접 인문과학 분야에까지 커다란 영향력을 행사해 왔다. 뿐만 아니라 이 양묘제 용어의 확산은 그 존재방식이 상이한 신도와 불교의 혼동까지 일으켜 야스쿠니 신사 등을 오하카와 동일 맥락에서 파악하는 논의까지 양산하기에 이르렀다.

그러나 이 책에서는 일본 묘제의 실상은 '양묘제' 자체가 양적으로 소수였다는 점을 지적함과 아울러 일본의 묘제는 비불교적(민속적)인 시체 매장과 불교적인 '오하카'의 상호 이질적인 사자 제사가 혼합되어 현재에 이르게 된 것임을 밝힌다. 즉, '오하카'는 근세, 근대에 생성된 산물에 지나지 않으며, 이 이전부터의 '조령신앙'(祖靈信仰)이 존재해 왔다는 것을 증명할 근거가 없다는 점을 강조한다. 오히려 불교와는 무관하며 시체매장 및 죽음에 대한 부정적 이미지를 기반으로 하는 '사령신앙'(死靈信仰)이 '고유'의 것에 가깝다는 것을 이 책을 통하여 알 수 있을 것이다.

저자는 이 책을 통해 일반 상식과 사회 현상의 불일치에 주목하여 '하나의 일본'이라는 인식 안에 감추어진 일본 문화의 다양성과 다원성을 추출해 보여 준다. 이 책은 일본 사회의 고유한 특성을 밝혀 줄 뿐 아니라, 죽음에 관한 인식의 문제가 삶의 방식을 규정한다는 점에서도, 한국의 그것과 대비시키는 관점을 시사한다는 점에서도 일본 문화를 이해하려는 사람에게 매우 큰 도움이 되리라 생각한다. 또한 내셔널리즘의 관점에서 벗어나 등신대의 인간이라는 관점에서 야스쿠니 문제를 접해 보는 것도 독자들에게는 색다른 경험이 될 것으로 생각한다.

이 책이 나오기까지 많은 분들의 도움을 받았다. 한림대 일본학연구소 심재현 연구원께도 감사하다는 말씀을 드린다. 원저자인 이와타 시게노리 교수는 역자의 대학원 석사과정 지도교수로서 본인의 학문적 세계관을 정립하는 데에 큰 감화를 주셨고, 한림대학교 일본학연구소장 서정완 교수는 역량이 부족한 역자에게 한림총서에 참여할 기회를 주셨다. 끝으로 감사의 뜻을 표하며 더욱 정진하여 도와주신 분들께 보답할 것을 약속한다.

2009년 3월

조규헌

| 참고문헌 |

* 본문 중에 인용하지 않은 것도 있으나, 본문과의 관계상 중요하다고 판단되는 문헌에 대해서는 여기에 기입했다. 제3장에 대해서는 자료로서만 사용한 것도 포함했다.

竹田聽洲, 『民俗佛敎と祖先信仰』, 東京大學出版會, 1971(『竹田聽洲著作集』第1卷~第3卷, 國書刊行會, 1993~1995).

最上孝敬, 『詣り墓』, 古今書院, 1956.

柳田國男, 「葬制の沿革について」, 『人類學雜誌』, 第44卷 第6號, 1929(『柳田國男全集』, 第28卷, 筑摩書房, 2001).

_____, 『葬送習俗語彙』, 民間傳承の會, 1937.

岩田重則, 『墓の民俗學』, 吉川弘文館, 2003.

제1장

喜多村(小松)理子, 「盆棚(のいろいろ)」, 『民具マンスリー』, 第9卷 第11~12號・第10卷 第1號, 1977.

_____, 「盆に迎える靈についての再檢討」, 『日本民俗學』, 第157・158合倂號, 1985.

高谷重夫, 『盆行事の民俗學的硏究』, 岩田書院, 1995.

柳田國男, 『歲時習俗語彙』, 民間傳承の會, 1939.

제2장

井阪康二, 「卒塔婆考」, 『近畿民俗』, 第55號, 1971.

石田茂作,「我國に於ける塔形の種類と其の系統」,『塔婆之研究』, 鵤故郷舍, 1933.

大間知篤三,「墓制覺書」,『ひだびと』, 第5卷 第11・12號, 1937[『神津の花正月』(六人社, 1943)에 수록](『大間知篤三著作集』, 第4卷, 未來社, 1978)

五來 重,「兩墓制と靈場崇拜」,『民間傳承』, 第16卷 第12號, 1952.

_____,『葬と供養』, 東方出版, 1992.

圭室文雄,『葬式と檀家』, 吉川弘文館, 1999.

土井卓治,『石塔の民俗』, 岩崎美術社, 1972.

_____,『葬送と墓の民俗』, 岩田書院, 1997.

早川孝太郎,『花祭』前篇, 岡書院, 1930(『早川孝太郎全集』第1卷, 未來社, 1971)

松谷みよ子,『現代民話考』第2卷(軍隊), 立風書房, 1985.

_____,『現代民話考』第4卷(夢の知らせ), 立風書房, 1986.

_____,『現代民話考』第5卷(あの世へ行った話), 立風書房, 1986.

柳田國男,「小さき者の聲」,『教育問題研究』, 第54號, 1924[「童兒と昔」으로 제목이 바뀌어『小さき者の聲』(玉川學園出版部, 1933)에 수록](『柳田國男全集』第7卷, 筑摩書房, 1998).

_____,『遠野物語』, 聚精堂, 1910(『柳田國男全集』第2卷, 筑摩書房, 1997)

제3장

天野 武,「白山山麓の墓制」,『日本民俗學』, 第92號, 1974.

伊波普猷,「南島古代の葬儀」,『民族』, 第2卷 第5・6號, 1927[「南島古代の制」으로 제목이 바뀌어『をなり神の島』(樂浪書院, 1938)에 수록](『伊波普猷全集』第5卷, 平凡社, 1974).

大間知篤三,「兩墓制の資料」,『山村生活調査 第二回報告書』(非賣

品), 1936[「增補兩墓制の資料」로 『家と民間傳承』(滿洲修文館, 1944)에 수록](『大間知篤三著作集』第1卷, 未來社, 1975)

加藤惠子,「一の谷中世墳墓群遺跡」, 網野善彦 외(編),『中世都市と一の谷中世墳墓群』, 名著出版, 1997.

蒲池勢至,『眞宗と民俗信仰』, 吉川弘文館, 1993.

河野眞知郎,「中野木の墓石塔調査から」, 船橋民俗調査團 (編),『中野木の民俗』, 船橋市教育委員會, 1978.

桜田勝德,『美濃山村民俗誌』, 刀江書院, 1951(『桜田勝德著作集』第4卷, 名著出版, 1981).

佐々木孝正,「墓上植樹と眞宗」,『大谷學報』第59卷 第3號, 1979(『佛教民俗史の研究』名著出版, 1987所收)

渋沢敬山 (編),『繪卷物による日本常民生活繪引』, 第1卷, 角川書店, 1965.

白石太一郎・木村二郎 (編),『國立歷史民俗博物館研究報告 第111號 大和における中・近世墓地の調査』, 國立歷史民俗博物館, 2004.

新宿區厚生部遺跡調査會 (編),『圓應寺跡』, 新宿區厚生部遺跡調査會, 1993.

谷川章雄,「近世墓塔の形態分類と編年について」,『早稻田大學大學院文學研究科紀要 別冊(哲學・史學編)』, 國立歷史民俗博物館, 2004.

_____,「近世墓慓の類型」,『考古學ジャーナル』, 第288號, 1988.

_____,「近世墓慓の變遷と家意識」,『史觀』第121冊, 1989.

坪井洋文,「日本民俗社會における世界觀の一考察」,『人文社會科學研究』第15號, 1977[「漁撈民の世界觀」으로 제목이 바뀌어 『民俗再考』(日本エディタースクール出版部, 1986)에 수록]

_____,「山城木津惣墓墓票の研究」,『考古學』第10卷 第6號, 1939.

時津裕子,「近世以降の墳墓の型式學的研究」,『人類史研究』第10號, 1998.

中江庸 編,『石材産業年鑑二〇〇四年版』, 石文社, 2004.

西木浩一,「葬送墓制からみた都市江戸の特質」,『年報都市史研究 六』, 山川出版社, 1998.

平野和男,「靜岡縣内の中世墳墓のあり方」, 網野善彦 외(編),『中世 都市と一の宮中世墳墓群』, 名著出版, 1997.

福田アジオ,『寺・墓・先祖の民俗學』, 大河書房, 2004.

松久嘉枝,「岐阜縣揖斐郡坂内村の墓制」,『日本民俗學』, 第91號, 1974.

村瀬正章,「"墓のない家がある"」,『地方史研究』第72號, 1964.

木村靖久,「眞宗門徒の葬送儀禮」, 伊藤唯眞 (編),『宗敎民俗論の展 開と課題』, 法藏館, 2002.

柳田國男,『先祖の話』, 筑摩書房, 1946(『柳田國男全集』第15卷, 筑 摩書房, 1998)

山崎克巳,「一の谷中世墳墓郡遺跡とその周邊」, 石井進・藤原山雄 (編),『中世社會と墳墓』, 名著出版, 1993.

제4장

恩賜財團母子愛育會 (編),『日本産育習俗資料集成』, 第一法規出版, 1975.

柱又三郎,『岡山縣下姙娠出産育兒に關する民俗資料』, 私家版, 1936.

最上敬孝,『靈魂の行方』, 名著出版, 1984.

岩田重則,『戰死者靈魂のゆくえ』, 吉川弘文館, 2003.

_____,「戰爭のフォークロア」,『岩波講座 アジア・太平洋戰爭』 6, 2006.

지은이 **이와타 시게노리**(岩田重則)

와세다대학(早稻田大學)과 동 대학원에서 일본근대사 및 일본민속학을
전공하였으며, 게이오대학(慶應義塾大學) 대학원에서 일본의 장송의례
및 묘제에 관한 논문으로 박사학위를 취득하였다. 현재 도쿄학예대학
(東京學藝大學) 교수로 재직 중이다.

일본 민속학계를 주도해 온 야나기타 구니오(柳田國男)의 학설을 해체
하고 재구성하는 작업을 통해, 현대 민속학으로서 일본 민속학의 방향
을 적극적으로 제시해 왔다. 2003년에 출판된 『전사자 영혼의 행방』은
야스쿠니 문제를 둘러싼 논의에 새로운 시각을 제시한 것으로 학계에
커다란 반향을 일으킨 바 있다. 그 밖에 주요 저서로는 『마을의 청년 ·
국가의 청년』, 『묘의 민속학』, 『'생명'을 둘러싼 근대사: 낙태에서 임
신중절로』 등이 있다.

옮긴이 **조규헌**

숭실대학교 일어일본학과를 졸업하고, 도쿄학예대학 대학원에서 석사,
와세다대학 대학원에서 박사학위를 취득하였다. 숭실대, 한국방송통
신대, 중앙대, 상명대 등에서 강의하였으며, 현재 한림대학교 일본학연
구소 전임연구원으로 재직 중이다.

주요 논문으로는 「'고토요카'의 제사론적 연구──신거래 사상에 의한
도작일원론 · 조령일원론을 넘어서」, 「악신제사의 심층」, 「재앙에 관
한 제사와 주술의 민속적 메커니즘」, 「일본문화일원론에서 '논신과 산
신의 거래신앙' 재고」, 「일본 민속에서 신과 요괴의 분석방법 고찰: 오
리구치 시노부의 '요리시로'를 중심으로」 등이 있다.

한림신서 일본학총서 발간에 즈음하여

1995년은 제2차 세계대전이 끝나고 우리나라가 일본 식민지에서 해방된 지 50년이 되는 해이며, 한·일간에 국교정상화가 이루어진 지 30년을 헤아리는 해이다. 한·일 양국은 이러한 역사를 되돌아보면서 앞으로 크게 변화될 세계사 속에서 동북아시아의 평화와 번영을 추구해야 하리라고 생각한다.

한림대학교 일본학연구소는 이러한 역사의 앞날을 전망하면서 1994년 3월에 출범하였다. 무엇보다도 일본을 바르게 알고 한국과 일본을 비교하면서 학문적·문화적 교류를 모색할 생각이다.

본 연구소는 일본학에 관한 자료를 수집하고 제반 과제를 한·일간에 공동으로 조사·연구하며 그 결과가 실제로 한·일 관계 발전에 이바지할 수 있도록 노력하고자 한다. 그러한 사업의 일환으로 여기에 일본에 관한 기본적인 도서를 엄선하여 번역 출판하기로 했다. 아직 우리나라에는 일본에 관한 양서가 충분히 소개되지 못했다고 느껴지기 때문이다.

본 연구소는 조사와 연구, 기타 사업이 한국 전체를 위해야 한다고 생각하며 한·일 양국만이 아니라 다른 여러 나라의 연구자나 연구 기관과 유대를 가지고 세계적인 시야에서 일을 추진해 나갈 것이다. 그러므로 누구나 열린 마음으로 본 연구소가 뜻하는 일에 참여해 주기를 바란다.

한림신서 일본학총서가 우리 문화에 기여하고 21세기를 향한 동북아시아의 상호 이해를 더하며 평화와 번영을 증진시키는 데 보탬이 되기를 바란다. 많은 분의 성원을 기대해 마지않는다.

1995년 5월
한림대학교 일본학연구소

한림신서 일본학총서 94

일본 장례문화의 탄생

초판 1쇄 발행 2009년 3월 25일

지 은 이   이와타 시게노리
옮 긴 이   조규헌

펴 낸 이   한림대학교 일본학연구소
펴 낸 곳   도서출판 소화
등   록   제13-412호
주   소   서울시 영등포구 영등포동 7가 94-97
전   화   2677-5890
팩   스   2636-6393
홈페이지   www.sowha.com

ISBN 978-89-8410-354-2   94080
ISBN 978-89-8410-105-0   (세트)

값 7,000원